中国小麦贸易与国际竞争力研究

ZHONGGUO XIAOMAI MAOYI
YU GUOJI JINGZHENGLI YANJIU

刘　锐　刘晶晶　张影全　等　著

中国农业科学技术出版社

图书在版编目（CIP）数据

中国小麦贸易与国际竞争力研究 / 刘锐等著. --北京：中国农业科学技术出版社，2022.11
ISBN 978-7-5116-5825-8

Ⅰ. ①中… Ⅱ. ①刘… Ⅲ. ①小麦－产业发展－国际竞争力－研究－中国 Ⅳ. ①F326.11

中国版本图书馆CIP数据核字（2022）第132422号

责任编辑	金　迪
责任校对	李向荣
责任印制	姜义伟　王思文

出 版 者	中国农业科学技术出版社
	北京市中关村南大街12号　邮编：100081
电　　话	（010）82106625（编辑室）　（010）82109702（发行部）
	（010）82109709（读者服务部）
网　　址	https://castp.caas.cn
经 销 者	各地新华书店
印 刷 者	北京建宏印刷有限公司
开　　本	170 mm×240 mm　1/16
印　　张	9.5
字　　数	156千字
版　　次	2022年11月第1版　2022年11月第1次印刷
定　　价	88.00元

版权所有·侵权必究

《中国小麦贸易与国际竞争力研究》
著者名单

刘　锐（农业农村部食物与营养发展研究所）

刘晶晶（金沙河集团产业技术研究院）

张影全（中国农业科学院农产品加工研究所）

孙君茂（国家食物与营养咨询委员会）

黄家章（农业农村部食物与营养发展研究所）

钟　钰（中国农业科学院农业经济与发展研究所）

聂　莹（农业农村部食物与营养发展研究所）

邢亚楠（金沙河集团产业技术研究院）

吴桂玲（金沙河集团产业技术研究院）

序 Preface

小麦是全球广泛种植的重要粮食作物，对保障世界粮食安全具有重要作用。我国小麦产量、消费量和进口量均居世界前列，2019/2020和2020/2021年度小麦收获面积占世界小麦收获总面积的11%左右，产量占18%左右，国内小麦自给率一直保持在100%以上。改革开放后的1980—1996年中国年均进口小麦1070万吨。加入世界贸易组织（WTO）后，配额内的964万吨小麦关税为1%，配额外关税65%。由于国内生产能力的快速提升，2000年以后小麦进口量显著减少，2014—2019年维持在300万~400万吨。近几年进口量快速增长，2021年达到977万吨。目前，我国小麦生产供给表现为：一方面，国内总产量和进口量持续增加，小麦产量高、库存高、进口量高；另一方面，加工企业缺少优质原料，主要是高品质专用小麦供给不足，仍需要通过进口来调剂，小麦生产表现出结构性过剩。

本书系统分析了我国小麦供需和贸易形势，对我国与其他主产国小麦生产成本、收益、价格、可持续发展竞争力及政策支持强度进行了比较分析，对国内和主要进口来源国的小麦分类、标准体系和品质特性进行了系统梳理，指出了我国小麦产业发展存在的主要问题和挑战，如品种品质不符合产业需求、产业化经营程度不足、一二三产融合程度较低、政策性储备结构与市场需求脱节等，提出产业化经营是提高小麦生产效益的重要途径、产业链融合发展是小麦产业高质量发展的关键、健全质量评价体系是小麦供给侧结构性改革的基础等战略性思考。本书的出版，可帮助读者深化对中国小麦和粮食产业国际竞争力的客观认识，为着力提升中国小麦的生产效益、品质和竞争力提供重要参考。

原国家粮食储备局局长、党组书记
中国粮食经济学会原名誉会长 高铁生
2022年9月25日

前言 Foreword

小麦是全球广泛种植的重要粮食作物，对全球粮食安全具有重要的保障作用。近年来，全球小麦产量屡创新高，小麦消费量稳步提升，其中2020年全球小麦收获面积和总产量分别同比增长2.37%和1.12%。中国的小麦生产、消费和进口量均居世界前列，2019—2020年小麦收获面积占世界小麦收获面积11%左右，排名世界第4；产量占18%左右，仅次于欧盟。在国内供给充足的大背景下，2014—2019年我国小麦进口量常年维持在300万~400万吨，但近年来受居民食品消费升级、新冠肺炎疫情、地缘政治冲突等影响，2020年快速增长至838万吨，2021年达到977万吨，加拿大、法国、澳大利亚、美国等是主要进口来源国。中国小麦生产特征明显，主要表现为高投入、高产出、低收益、品质不稳定，进口来源集中，贸易逆差较为突出，这是困扰中国小麦行业发展的主要问题。

本书系统分析中国小麦的供需和贸易形势，对影响国际竞争力和可持续发展的小麦单产、生产成本、收益、价格、农药化肥投入产出比、品质等因素进行分析研究，根据存在的问题和挑战，提出针对性的政策建议，以期深化对中国小麦和粮食产业国际竞争力的客观认识，有利于优化国内小麦生产结构与区域布局，提升中国小麦的生产收益、品质和竞争力。

刘　锐

2022年5月20日于北京

目录

第一章 全球小麦生产和贸易分析 ··· 1
第一节 全球主产国生产和贸易概况 ··· 1
第二节 中国小麦生产和贸易概况 ··· 4

第二章 国际竞争力比较 ··· 24
第一节 中国粮食国际竞争力指标选择 ··· 27
第二节 成本收益比较 ··· 29
第三节 价格比较 ··· 35
第四节 可持续发展竞争力比较 ··· 39

第三章 政策支持强度比较 ··· 45
第一节 中国小麦政策支持强度 ··· 45
第二节 美国小麦政策支持强度 ··· 51
第三节 加拿大小麦政策支持强度 ··· 55
第四节 欧盟小麦政策支持强度 ··· 58

第四章 中国和主要进口国的小麦分类分级标准与品质分析 ··· 61
第一节 中国小麦分类分级标准与品质竞争力分析 ··· 62
第二节 加拿大小麦分类分级标准与品质分析 ··· 77
第三节 美国小麦分类分级标准与品质分析 ··· 82
第四节 澳大利亚小麦分类分级标准与品质分析 ··· 85
第五节 哈萨克斯坦小麦分类分级标准与品质分析 ··· 94
第六节 法国小麦分类分级标准与品质分析 ··· 95

第七节　俄罗斯小麦分类分级标准与品质分析 ·············· 96

第五章　中国小麦产业竞争力提升面临的挑战 ·············· 98
　　第一节　品种品质不符合产业需求 ·············· 98
　　第二节　产业化经营程度不足 ·············· 98
　　第三节　一二三产融合程度不足 ·············· 99
　　第四节　政策性粮食储备体系目标失衡 ·············· 100

第六章　战略思考及政策建议 ·············· 101
　　第一节　战略思考 ·············· 101
　　第二节　政策建议 ·············· 104

参考文献 ·············· 111

附表 ·············· 116
　　附表1　2013—2018年中国小麦各项生产成本组成 ·············· 116
　　附表2　2013—2018年美国小麦各项生产成本组成 ·············· 117

附录1　我国小麦生产效益提升的产业化经营模式研究 ·············· 119
附录2　优质专用小麦产业发展模式研究 ·············· 126
附录3　质量评价体系在小麦产业链融合发展中的作用 ·············· 135

第一章 全球小麦生产和贸易分析

小麦是全世界分布范围最广、种植面积最大、产量最高、贸易额最多的粮食作物,中国是全球小麦产量和消费量最大的国家。小麦具有很高的食用价值,可用于加工面粉、面条、馒头、面包、糕点和其他多种面制品。随着人口增长和消费升级,国际国内小麦需求不断增长,国际市场多变的环境,中国小麦产业面临全新的机遇和挑战。

第一节 全球主产国生产和贸易概况

近两年度全球小麦收获面积、产量、消费量和贸易量稳中略增。2019/2020年、2020/2021年全球小麦收获面积分别为21 706.1万公顷、22 219.6万公顷,产量分别为7.64亿吨、7.73亿吨,消费量分别为7.41亿吨、7.47亿吨,贸易量分别为3.75亿吨、3.76亿吨。2020年全球小麦收获面积和产量同比略增,增幅分别为2.37%和1.12%,主要得益于年初澳大利亚出现有利的大范围降水,提振小麦播种前景,澳大利亚小麦收获面积增加27.5%,抵消了其他地区小麦收获面积的减少。

小麦消费按用途可分为口粮消费、饲用消费、工业消费、种子消费和损耗,其中口粮消费即制粉消费,是指小麦经过磨粉加工制作成各种通用面粉和专用面粉,直接被消费者购买,或间接进入食品加工业或餐饮业被制作成面制品被消费者购买食用。2020/2021年全球小麦消费量和贸易量基本保持平稳,较2019/2020年略增0.80%和0.21%。一方面,小麦口粮消费增长抵消饲料和工业消费的减少，消费量总体保持平稳；另一方面，其他主产国小麦贸易量的增加抵消欧盟小麦贸易量的减少，全球小麦贸易量总体保持平稳。

欧盟、中国、印度、俄罗斯、美国是全球小麦主要产地，2019/2020年和2020/2021年小麦收获面积排全球前3位的均为印度、俄罗斯、欧盟，2019/2020年占全球小麦收获面积的比重分别为13.51%（2 931.9万公顷）、12.58%（2 731.2万公顷）、12.04%（2 613.8万公顷），合计占比38.13%；2020/2021年比重分别为14.15%（3 145.0万公顷）、12.74%（2 830.0万公顷）、11.09%（2 463.5万公顷），合计占比37.98%。2019/2020年和2020/2021年中国小麦收获面积分别为10.93%（2 373.0万公顷）和10.80%（2 800.0万公顷），均排在全球第4位（表1-1）。

表1-1　2019—2021年小麦主产国（地区）面积、产量及消费量

国家/地区	2019/2020年			2020/2021年		
	面积（万公顷）	产量（万吨）	消费量（万吨）	面积（万公顷）	产量（万吨）	消费量（万吨）
全球	21 706.1	76 448.5	74 140.2	22 219.6	77 308.2	74 733.7
印度	2 931.9	10 360	9 611.2	3 145	10 759.2	9 950
俄罗斯	2 731.2	7 361	4 000	2 830	8 300	4 100
欧盟	2 613.8	15 493.8	12 250	2 463.5	13 675	11 750
中国	2 373	13 359	12 600	2 400	13 600	13 000
美国	1 513.3	5 258.1	3 057.2	1 487.1	4 969.1	3 051
加拿大	965.6	3 234.8	926.2	990	3 500	970
澳大利亚	1 020	1 520	840	1 300	2 850	750

资料来源：小麦产量、收获面积、消费量数据来自美国农业部（USDA）。

欧盟是全球小麦产量最高的地区。据美国农业部（United States Department of Agriculture，USDA）数据显示，2019/2020年和2020/2021年小麦产量排名全球前三的国家或地区为欧盟、中国和印度，2019/2020年占全球小麦产量的比重分别为20.27%（15 493.8万吨）、17.47%（13 359.0万吨）和13.55%（10 360.0万吨），合计占比51.29%；2020/2021年比重分别为17.69%（13 675.0万吨）、17.59%（13 600.0万吨）和13.92%（10 759.2万吨），合

计占比49.20%（图1-1）。

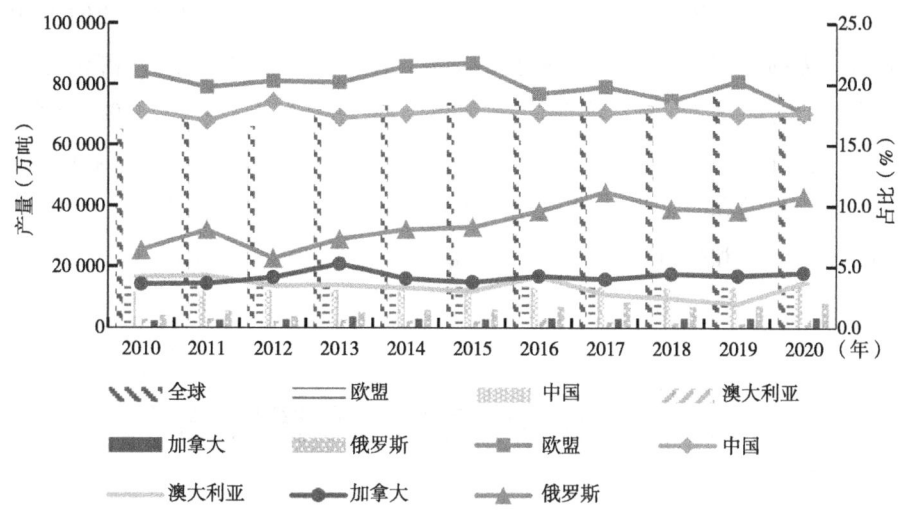

图1-1　2010/2011—2020/2021年度全球小麦主产国（地区）产量及占比

[资料来源：美国农业部（USDA）]

2020/2021年小麦主产国生产、出口及消费情况如图1-2所示。全球小麦主要消费国或地区是中国、欧盟和印度，2019/2020年占全球小麦消费量分别为16.99%（12 600.0万吨）、16.52%（12 250.0万吨）和12.96%（9 611.2万吨），

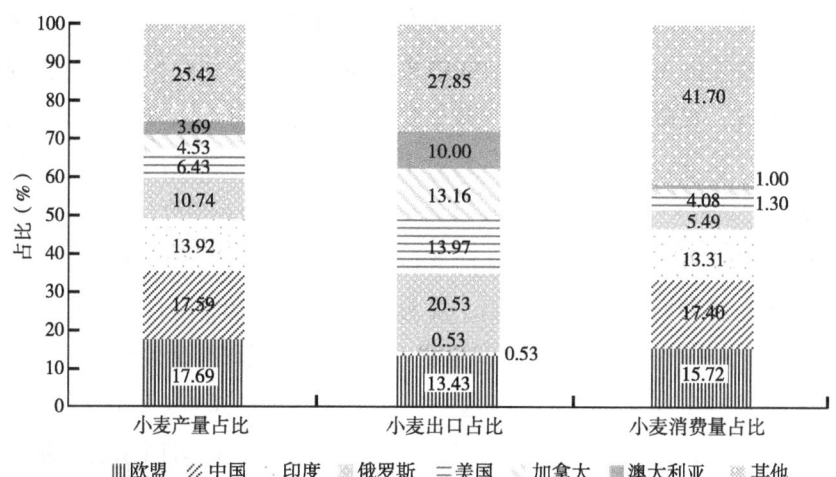

图1-2　2020/2021年小麦主产国（地区）生产、出口及消费情况

[资料来源：美国农业部（USDA）]

合计占比46.48%；2020年占比分别为17.40%（13 000.0万吨）、15.72%（11 750.0万吨）和13.31%（9 950.0万吨），合计占比46.43%。2019/2020年全球小麦排名前3的出口国或地区分别为欧盟、印度和美国，占全球小麦出口量20.06%（3 842.9万吨）、18.00%（3 448.5万吨）和13.72%（2 627.6万吨），合计占比51.79%；2020/2021年全球小麦排名前3的出口国或地区分别为印度、美国和欧盟，占全球小麦出口量20.53%（3 900.0万吨）、13.97%（2 653.5万吨）和13.43%（2 550.0万吨），合计占比47.93%。

第二节 中国小麦生产和贸易概况

一、中国小麦生产概况

中国小麦按照播种期分为冬小麦和春小麦两种。中国主要以冬小麦为主，中国小麦三大产区分别为北方冬麦区、南方冬麦区及春小麦区。其中北方冬麦区主要分布在秦岭、淮河以北，长城以南，主要分布于河南、河北、山东、陕西、山西诸省。南方冬麦区主要分布在秦岭淮河以南，是中国水稻主产区，种植冬小麦有利于提高复种指数，增加粮食产量，其特点是商品率高，主要分布在江苏、四川、安徽、湖北各省。春小麦区主要分布在长城以北，该区气温普遍较低，生产季节短，故以一年一熟为主，主产省区有黑龙江、新疆、甘肃和内蒙古等。

中国小麦播种面积和产量排在前五位的省份分别为河南、山东、安徽、江苏以及河北，播种面积合计占全国小麦总播种面积的70%左右，产量合计占全国小麦总产量的75%~80%。其中河南省小麦播种面积和产量位居第一，播种面积占比常年维持在20%~25%，产量占比维持在25%~30%（表1-2和表1-3）。

2020年以来，小麦销售价格上涨，种粮收益增加，同时国家进一步加大了对粮食生产的政策扶持力度，农民种粮意愿增强，2021年小麦种植面积增加。

据国家统计局数据显示，2021年全国小麦播种面积为34 367万亩[1]（22 911千公顷），比上年增加300.4万亩（200.2千公顷），增长0.9%；单产为390.9千克/亩（5 863.4千克/公顷），比上年增加4.2千克/亩（62.3千克/公顷），增长1.1%；总产13 434万吨，比上年增加258.9万吨，增长2.0%。

表1-2　2011—2020年中国小麦种植面积分布　　　单位：千公顷

省份	2020年	2019年	2018年	2017年	2016年	2015年	2014年	2013年	2012年	2011年
全国	23 380	23 728	24 266	24 478	24 666	24 567	24 443	24 440	24 551	24 507
河南	5 674	5 707	5 740	5 715	5 705	5 623	5 581	5 518	5 469	5 430
山东	3 934	4 002	4 059	4 084	4 068	4 035	3 925	3 831	3 759	3 703
安徽	2 825	2 836	2 876	2 823	2 888	2 858	2 803	2 801	2 734	2 681
江苏	2 339	2 347	2 404	2 413	2 437	2 411	2 374	2 344	2 304	2 246
河北	2 217	2 323	2 357	2 373	2 390	2 394	2 404	2 432	2 457	2 435
新疆	1 069	1 062	1 031	1 127	1 216	1 158	1 111	1 075	1 044	1 053
湖北	1 031	1 018	1 105	1 153	1 141	1 122	1 099	1 117	1 084	1 028
陕西	964	966	967	963	981	1 003	1 001	1 022	1 079	1 089
甘肃	709	740	776	766	775	806	803	821	842	869
四川	597	611	635	653	684	747	814	879	934	998
山西	536	547	560	561	564	576	585	599	620	650
内蒙古	479	538	597	674	659	617	619	618	659	599
云南	320	329	339	344	344	357	369	392	403	417
贵州	138	137	142	156	169	180	189	196	210	216
天津	104	101	111	109	107	106	108	108	111	110
青海	95	102	112	83	85	83	80	85	86	91
浙江	93	83	85	104	85	99	90	81	79	77
宁夏	93	108	129	123	117	122	127	149	179	202
黑龙江	49	56	109	102	79	70	144	132	208	296
西藏	30	32	32	39	43	36	37	38	38	38

[1] 1亩≈667米², 全书同。

（续表）

省份	2020年	2019年	2018年	2017年	2016年	2015年	2014年	2013年	2012年	2011年
湖南	23	22	23	28	23	34	35	36	39	44
重庆	19	21	25	30	34	41	52	65	79	91
江西	14	14	15	15	14	13	13	13	13	12
北京	8	8	10	11	16	21	24	36	52	58
上海	8	10	21	21	36	47	47	47	58	63
吉林	5	3	1	2	0	0	4	0	4	4
广西	4	3	3	3	3	3	1	1	1	1
辽宁	3	2	2	4	3	3	3	3	4	5
广东	0	0	0	0	1	1	1	1	1	1
福建	0	0	0	0	0	0	0	0	1	1
海南				0	0	0	0	0	0	0

资料来源：国家统计局。

表1-3　2011—2020年中国小麦产量分布　　　　　单位：万吨

省区	2020年	2019年	2018年	2017年	2016年	2015年	2014年	2013年	2012年	2011年
全国	13 425	13 360	13 144	13 424	13 319	13 256	12 824	12 364	12 247	11 857
河南	3 753	3 742	3 603	3 705	3 619	3 527	3 385	3 266	3 223	3 145
山东	2 569	2 553	2 472	2 495	2 490	2 392	2 326	2 264	2 220	2 148
安徽	1 672	1 657	1 607	1 644	1 636	1 661	1 581	1 461	1 423	1 295
河北	1 439	1 463	1 451	1 504	1 480	1 483	1 444	1 419	1 364	1 297
江苏	1 334	1 318	1 289	1 295	1 246	1 249	1 225	1 163	1 133	1 088
新疆	582	576	572	613	682	692	631	631	568	596
陕西	413	382	401	406	403	423	386	364	417	394
湖北	401	391	410	427	441	432	431	425	377	350
甘肃	269	281	281	270	272	285	278	240	270	252
四川	247	246	247	252	260	285	298	311	331	346
山西	237	226	229	232	229	232	225	204	233	220

（续表）

省区	2020年	2019年	2018年	2017年	2016年	2015年	2014年	2013年	2012年	2011年
内蒙古	171	183	202	189	188	179	175	184	186	172
云南	70	72	74	74	72	75	71	72	81	94
天津	63	60	57	62	59	58	57	56	55	53
浙江	41	32	36	42	28	39	34	30	29	29
青海	38	40	43	33	35	35	35	36	35	35
贵州	33	33	33	41	42	65	65	55	56	53
宁夏	28	35	42	38	38	40	41	46	62	63
黑龙江	19	20	36	38	29	22	46	38	69	103
西藏	18	19	19	22	27	23	24	24	25	25
湖南	8	8	8	10	7	11	12	12	9	11
重庆	6	7	8	10	11	13	16	20	24	27
上海	5	6	13	10	13	21	20	19	23	25
北京	5	4	5	6	9	11	12	19	27	28
江西	3	3	3	3	3	3	3	3	2	2
吉林	2	1	0	0	0	0	2	0	1	2
辽宁	2	1	1	1	1	1	2	2	2	3
广西	1	0	1	1	1	0	0	0	0	0
广东	0	0	0	0	0	0	0	0	0	0
福建	0	0	0	0	0	0	0	0	0	0
海南	0	0	0	0	0	0	0	0	0	0

资料来源：国家统计局。

二、中国小麦消费概况

中国小麦总消费量在近二十年内基本稳定在1.2亿吨左右，主要为口粮消费（即制粉消费），是指小麦经过磨粉加工制作成各种通用面粉与专用面粉，直接被消费者购买，或间接进入食品加工业或餐饮业被制作成面制品后被消费者购买食用。面制品消费是小麦产业链终端，其种类繁多，根据加工方式主要分为烘焙类（面包、蛋糕、饼干、烧饼等）、蒸煮类（馒头、面条、饺子、包子等）和油炸类（油条、麻花、沙琪玛等）。小麦其他主要消费形式包括饲用消费、工业消费、种用消费及损耗。小麦既可以作为能量饲料，也可以作为蛋白饲料。受到国内日益增长的动物性食物消费需求以及小麦和玉米的比价因素的影响，近年来小麦饲用消费量持续增加。小麦工业消费主要集中在谷朊粉、淀粉、麦芽糖、酿酒和调味品制造等领域。谷朊粉即小麦活性蛋白，已广泛应用于食品、饲料、医药、建材等工业领域，国内对谷朊粉的需求呈逐年增长趋势。软质率高的弱筋小麦用于酿酒是近年发展新趋势，国内知名酒企争相在全国范围内收购弱筋小麦，并建立酿酒专用小麦生产基地。

2020年国内小麦消费总量为13 838万吨，其中，口粮消费9 110万吨，占66%；饲用消费2 145万吨，工业消费1 404万吨，种用消费590万吨，损耗589万吨。2021年国内小麦消费总量14 857万吨，比上年增长7.4%。其中饲料消费增长较快，达到3 300万吨，比上年增长53.8%。这是由于生猪产能恢复势头良好，玉米价格不断上涨，导致小麦玉米价格倒挂，饲料加工企业直接使用小麦替代玉米的数量明显增加。其他消费较为稳定，口粮消费9 172万吨，工业消费1 210万吨，种用消费600万吨，损耗575万吨（图1-3）。种用消费和损耗预计会持续降低，种用减少是因为更多的良种选育和更科学的田间管理及适时精播等，而随着机械作业水平、产后烘干设施建设以及储粮条件的提升，小麦产后损耗也必定会逐步降低。

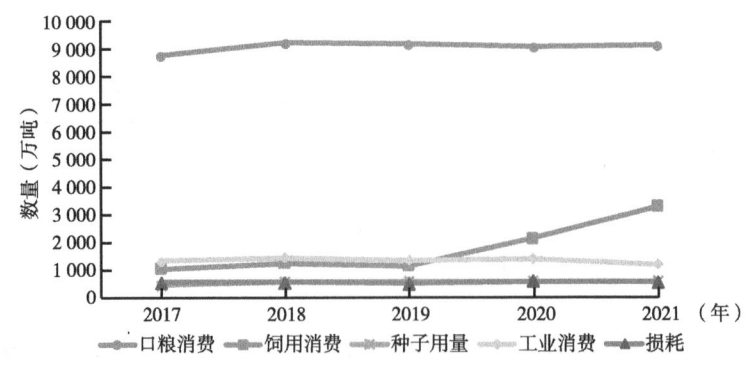

图1-3　2017—2021年中国小麦消费结构

［资料来源：《中国农业展望报告（2020—2029年）》《中国农业展望报告（2021—2030年）》《中国农业展望报告（2022—2031年）》］

三、中国小麦消费结构

(一)小麦粉行业发展概况

1. 小麦粉产量

小麦粉加工企业数量持续减少。据国家统计局数据,2019年中小微面粉企业总数量为2 600家,规模以上企业1 600家,较上年分别减少7.25%和7.14%(图1-4)。

全国小麦粉产量波动下降。据国家统计局数据,2016年中国小麦粉产量达到峰值,产量为15 265.3万吨,随后呈不断下降走势。2018年因统计口径的变化,中国小麦粉产量出现了明显变化。此外国内人口增速放缓、人口老龄化及消费结构升级等从各个方面减缓了小麦制粉需求。根据统计局数据显示,2020年中国规模以上企业小麦粉产量为8 431.9万吨,较2019年下降2%(图1-5)。

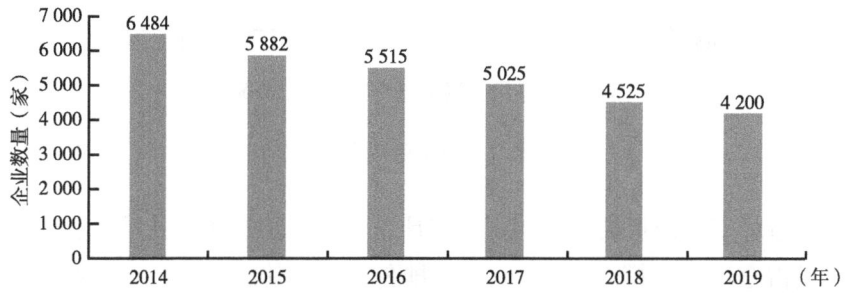

图1-4　2014—2019年我国小麦粉加工企业数量

(资料来源:国家统计局)

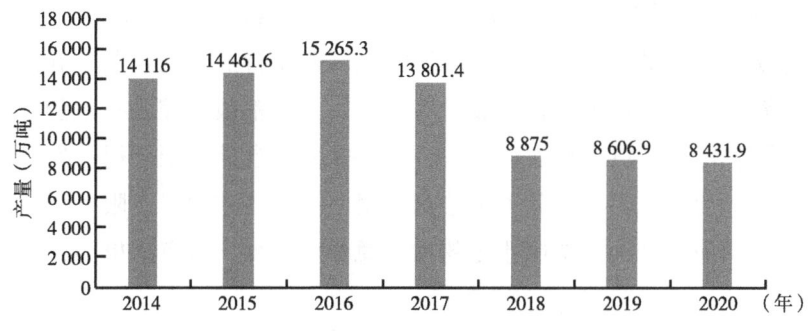

图1-5　2014—2020年中国小麦粉产量

(资料来源:国家统计局)

专用小麦粉产量稳步增加。据国家粮油信息中心预计，中国专用小麦粉产量由2015年的1 180万吨迅速增加至2020年的2 335万吨，2015—2020年的复合年增长率为12.0%，2020年专用粉占小麦粉总产量的24.8%，为2 335万吨，较2018年增长11.2%。由于市场需求不断增加，专用小麦粉的产量预期将以高于整个行业的速度增长，预计2022年专用小麦粉产量将达2 800多万吨（图1-6）。

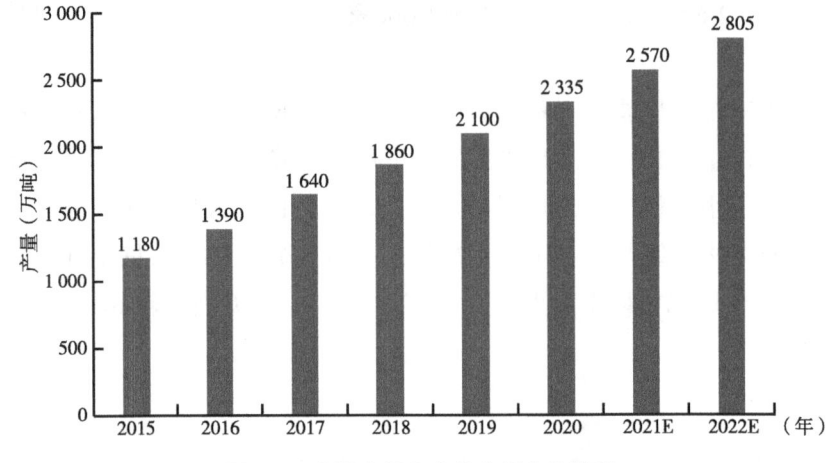

图1-6 中国专用小麦粉产量变化情况

（资料来源：国家粮油信息中心）

河南省小麦粉产量最高。据国家统计局数据，2020年前三季度，河南省小麦粉产量占全国小麦粉产量的26.6%，排名第一；其次为山东小麦粉产量，占比17.5%；河北小麦粉产量排在第三位，占比14.9%；排名前三的省份小麦粉产量合计占比高达59.0%，其他省份小麦粉产量占比低于10%。

五得利面粉集团加工能力最大。根据中国粮食行业协会2021年度重点粮油企业专项调查结果显示，中国小麦粉行业产能排行前十的企业是五得利面粉集团、益海嘉里金龙鱼粮油食品股份有限公司、中粮粮谷控股有限公司、金沙河集团有限公司、蛇口南顺面粉有限公司、今麦郎食品有限公司、发达面粉集团、山东利生食品集团、东莞穗丰粮食集团、江苏三零面粉有限公司。其中排名前三企业的加工量约占全国小麦粉加工总量的30%，益海嘉里为外资企业，占比7%。

2. 小麦粉消费量

随着人民生活水平的提高，市场对于小麦粉的需求开始由"量"向"质"转变。

总体来看，小麦粉消费总量低速增长。小麦粉消费总量由2015年8 279万吨增长至2019年8 784万吨。其中，市场流通小麦粉增速较高，由2015年5 455万吨增长至2019年6 070万吨，年均增长率2.7%（表1-4）。

表1-4　小麦粉消费结构　　　　　　　　单位：万吨

分类	2015年	2016年	2017年	2018年	2019年	年均增长率CAGR（%）
家庭消费	3 140	3 054	2 983	2 969	3 082	-0.5
品牌小包装	316	328	341	354	368	3.8
非市场流通	2 824	2 726	2 642	2 615	2 714	-0.9
餐饮消费	2 762	2 844	2 923	3 008	3 470	5.8
专用粉	173	198	228	262	300	14.7
通用粉	2 589	2 646	2 695	2 746	3 170	5.2
烘焙消费	381	407	431	456	479	5.9
食品工业消费	1 865	1 987	2 049	1 769	1 677	2.6
方便面	711	772	772	489	401	-13.3
挂面	644	721	781	812	840	6.9
饼干	510	494	496	468	436	-3.8
速冻米面制品	131	142	144	78	76	-12.8
合计	8 279	8 434	8 530	8 280	8 784	1.5
市场流通面粉合计	5 455	5 708	5 888	5 665	6 070	2.7

资料来源：欧睿咨询，华安证券研究所。

小麦粉的家庭消费保持稳定，餐饮消费和烘焙消费较快增长，食品工业消费下行。分项看，随着家庭消费小麦粉品牌化，小包装面粉的增长速度较快，而非流通小麦粉逐步减少;现代餐饮业对小麦粉的质量、口感、健康要求大幅提升,推动专用小麦粉快速增长;消费者饮食习惯变化,对烘焙面点需求增加,烘焙市场高速增长;而速冻面制品、方便面等受餐饮及外卖冲击,需求明显下滑。

3.小麦粉行业和市场特点

专用小麦粉产品需求不断增加。随着中国经济的快速增长及城市化进程的推进,消费者对小麦粉产品的多元化需求日益增加。除主食用的通用小麦粉外,应用于面包、糕点等烘焙食品的专用面粉的需求不断增加。此外,专用小麦粉与通用小麦粉相比,不仅注重食品的外观和口感,而且注重其加工制作过程中的性能表现,受到越来越多优质食品加工商、餐厅、面包糕点店的青睐。

高端小麦粉产品愈来愈受欢迎。近年来,随着中国人均收入不断增加,人们的生活水平大幅提升,健康意识不断加强,越来越多消费者购买价格和质量更高的食品,例如全麦粉或搭配其他谷物面粉所制成的产品,进一步推动中国小麦粉市场的转型升级。

(二)面制品行业发展概况

目前中国面制品中对小麦粉需求前两位的分别是烘焙面点和方便面,对小麦粉的需求量超过900万吨;第三是挂面,对小麦粉的需求超过500万吨;第四是冷冻面制品,对小麦粉需求超过200万吨,其他面制品的小麦粉需求均在100万吨以下。

1.挂面行业

据中国食品科学技术学会数据,目前全国挂面企业总数为4 158家,行业集中度较低。陕西(855家)、四川(481家)、河北(439家)、山东(341家)和河南(313家)五省占据全国挂面生产企业总数的58.44%。

中国挂面产量缓慢增长,行业集中度平稳提升。统计数据显示,2020年全国挂面产量887.5万吨,主要24家挂面企业实现总产425.27万吨,占全国挂面总产的48%,同比增加7.08%(图1-7)。行业集中度稳步提升,仍属充分竞争行业,尚未形成垄断。

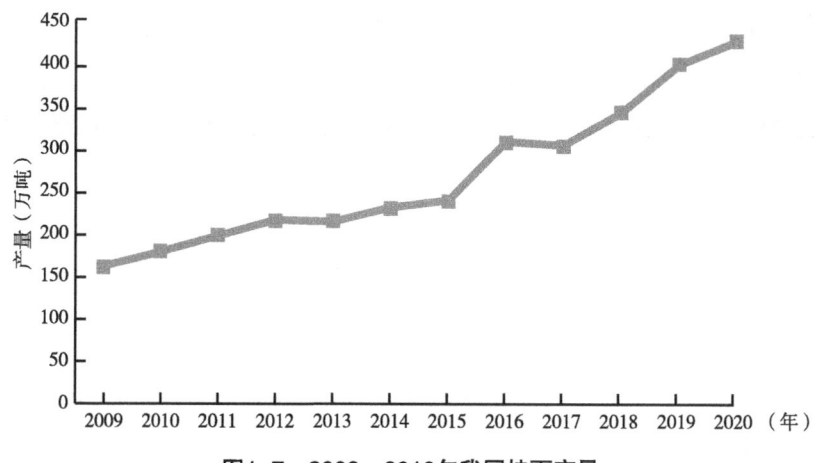

图1-7 2008—2019年我国挂面产量

（资料来源：中国食品科学技术学会）

挂面销售额同步上升。全国主要24家挂面企业2020年销售额190.16亿元，较2019年增长6.41%。品牌企业加速占有市场，国外企业占比较小。2020年挂面产量前十名企业中，金沙河面业集团产量最高，为147万吨，远高于其他企业。全国排名前五的挂面企业依次为金沙河、克明面业、想念、博大和益海嘉里，产量合计达286.4万吨，占全国挂面产量的32.2%，品牌企业对市场占有加速，挂面行业竞争在高端发力。

2. 方便面行业

2018—2019年众多方便面企业先后推出了多款方便面单品，主要是为了满足消费者不断变化的消费需求，尤其是随着消费层级的不断细分，产品需要不断迭代和创新，以应对市场需求，尤其是满足个性化细分市场、中产阶级升级以及下沉市场的需求。

中国方便面产量整体呈现波动下滑趋势，2018年之后小幅上涨。2020年全球方便面消费约1 166亿份，同比增长9.5%。而中国以463.5亿份的总消费量排在首位（约占40%），较2016年增长20.3%（图1-8）。

2020年全国方便面行业有规模以上企业127家，累计产量556.8万吨，同比增长1.02%；销售收入637.37亿元，同比增长2.1%，利润增长7.8%。近两年方便面行业在疫情催生的市场需求下产量激增，但2021年1—5月中国方便面累计产量206.5万吨，同比下降8.01%，逐步回归常态。

方便面行业格局比往常更加稳固，2020年22家主要生产企业主营业务收入约610.21亿元，同比增长10.8%；产量379.75亿包，同比增长7.02%；拥有生产线597条，较2019年增加13条。

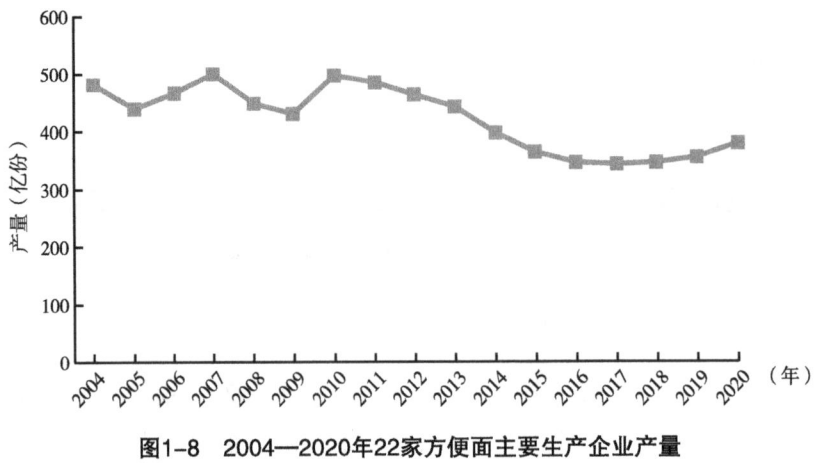

图1-8　2004—2020年22家方便面主要生产企业产量

（资料来源：中国食品科学技术学会）

3. 烘焙行业

烘焙行业整体规模偏小，行业集中度较低。规模以上大型企业占据一、二线城市的中高端市场，占有较大市场份额；中小型企业的中低端产品通过批发流通渠道销往中小城镇和农村市场，覆盖全国各地。市场被众多中小品牌瓜分，不同层次品牌分割不同的市场。一线品牌，如达利食品、盼盼食品、北京稻香村、桃李面包、好利来等年营业收入超过10亿元的大型企业市场占有率尚不足10%，剩下的份额被二线及众多的三线品牌瓜分，我国烘焙食品行业集中度较低，处于大行业小企业的行业格局中。2019年排名前五的烘焙企业市场占有率之和仅为11.1%，市场占有率最高的为达利园，占4%；其次为桃李面包，占比3.2%；韩国好丽友市场排名第3，占比为1.7%；盼盼占比1.3%，排在第4位；中国台湾徐福记市场占有率为0.9%，排名第5。总体看，中国烘焙行业虽然初具规模但发展较快，行业还存在着整体规模偏小、行业集中度较低等问题。预估行业集中度还将进一步提升，市场容量及发展前景巨大。

烘焙产品中蛋糕市场占比最大。2019年，中国烘焙行业市场规模为2 317

亿元，同比增加12.3%（图1-9）；主要包括蛋糕、糕点及面包等食品，其中蛋糕类产品占比最大为42.37%，其次为糕点类产品，占比38.91%；面包类产品占17.44%（图1-10）；据中国烘焙食品糖制品工业协会测算，2019年全国规模以上糕点面包生产企业总产量约为400万吨，主营业务收入1 120.58亿元，同比增长6.27%；2019年全国规模以上饼干生产企业总产量为660万吨，主营业务收入1 317.33亿元，同比增长3.38%。

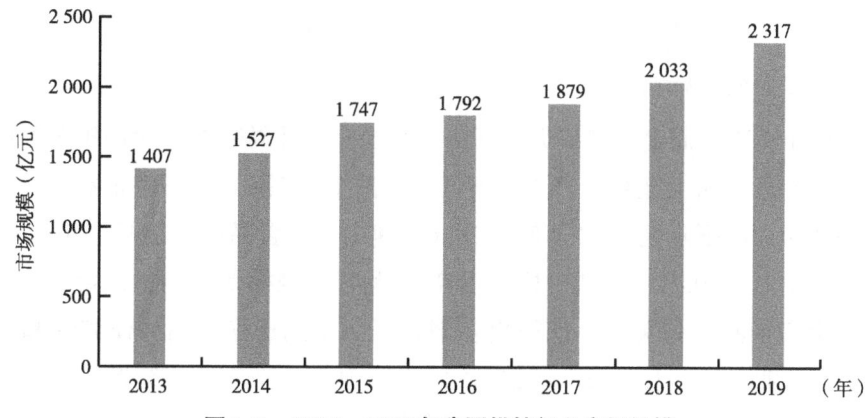

图1-9　2013—2019年我国烘焙行业市场规模

（资料来源：欧睿咨询，华安证券研究所）

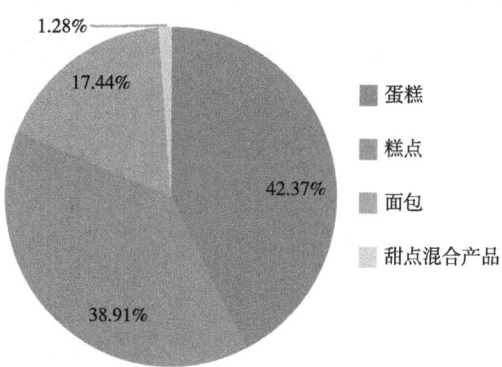

图1-10　2019年中国烘焙类产品结构

（资料来源：欧睿咨询，华安证券研究所）

国内市场本土化品牌商崛起主导市场。2018年曼可顿（英国）、好丽友（韩国）、面包新语（新加坡）、山崎面包（日本）和宾堡（墨西哥）在中国地区烘焙食品营业收入分别约为8亿元、20亿元、12亿元、1.2亿元和5亿元。

而本土品牌桃李面包、达利食品2018年烘焙食品的收入已分别达到48亿元、62.5亿元,市场份额远超外资品牌。

烘焙食品门店的业态经历快速发展后目前呈现出扩张乏力的态势。目前,几个开拓大陆市场相对较早的品牌均呈现出扩张乏力的情况,同时面临着预包装类产品和茶饮品牌的跨界竞争。为了优化单店模型,现在许多现做品牌在店内增加堂食面积,增加交叉销售,打造出"第三消费空间",以此获得更高的产品溢价,以会员体系更大程度地挖掘消费者价值。

4. 冷冻面制品行业

近两年速冻米面食品产量大幅下降。据国家统计局数据,2019年全国规模以上冷冻冷藏食品工业企业10 850家,同比减少147家。中国速冻米面食品产量在2018年大幅下降至310.2万吨。2020年速冻米面食品产量小幅上涨至334.3万吨,同比上涨10.7%(图1-11)。速冻食品行业规模增长迅速,新冠肺炎疫情是一个突如其来的契机,使得更多消费者认识到速冻食品的便利性和营养性,随着行业的复苏及未来冷链技术的发展,速冻行业有望持续增长。

速冻食品行业集中度较高。据中国食品科学技术学会数据,2020年三大龙头企业市占率之和高达60.0%。市场占有率排名第1的是三全食品,占23.0%;思念食品市场占有率为22.9%,排名第2;湾仔码头市场占有率为14.1%,排名第3。排名前五的企业市场占有率高达67.2%,行业集中度较高。

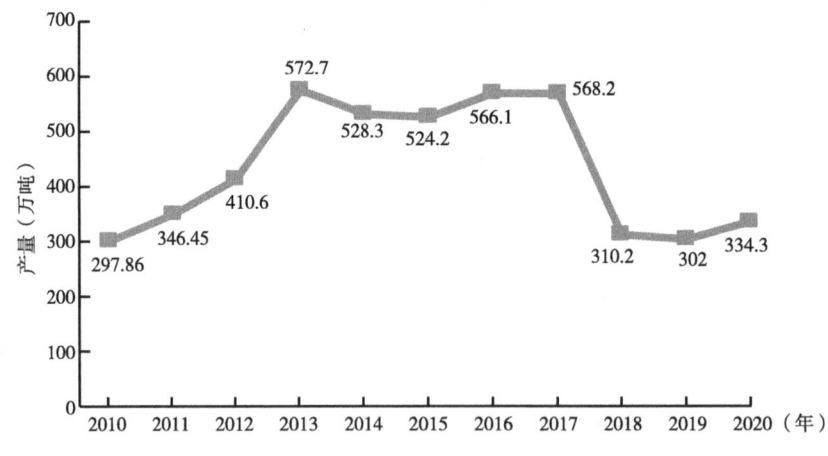

图1-11　2010—2020年我国速冻食品行业市场规模

(资料来源:国家统计局)

四、中国小麦贸易概况

中国是世界小麦生产和消费大国,同时也是世界小麦贸易大国,进口量大于出口量,进口主要目的是调剂品种结构。

1. 中国小麦进出口政策分析

中国对小麦进口实行关税配额管理政策。农产品关税配额管理是指在公历年度内,根据中国加入世界贸易组织(World Trade Organization, WTO)货物贸易减让表所承诺的配额量,确定实施进口关税配额管理农产品的年度市场准入数量。属于关税配额内进口的货物,按照配额内税率缴纳关税;属于关税配额外进口的货物,按照配额外税率缴纳关税。明确实行关税配额管理的农产品有小麦、玉米、大米、食糖、棉花、羊毛、毛条7类,其中,小麦、玉米、大米、棉花进口关税配额由国家发展改革委核发,食糖、羊毛、毛条进口关税配额由商务部核发。实行进口配额管理,主要是要对这些商品的进口实施一定数量上的控制和管理,即限制进口商品的数量,以保护国内的市场或生产不被冲击。

2001年底中国加入WTO,对大米、小麦、玉米三大粮食品种实行进口关税配额制度,并承诺在2004年前,每年增加一定的配额;入世最初的几年,粮食进口关税配额逐年增加。2002年至2004年,粮食进口关税配额从1 446万吨增加到2004年的2 215.6万吨,4年间增加了53.2%。之后,配额总量一直保持在这一水平上。配额内关税为1%,配额外的关税较高,2002年、2003年和2004年的配额外关税分别为71%、68%和65%,之后一直保持在65%。在进口配额分配中,小麦的国营公司所占比重最高,为90%;玉米次之,为60%;大米最低,为50%。

小麦关税配额在三大粮食品种中数量最大,配额数量从2000年的730万吨增加到2004年的963.6万吨,四年增加了32%,平均每年增加58.4万吨;之后保持在963.6万吨。在配额分配中,国营公司份额占90%,私营公司占10%。

根据国家发展改革委和商务部公布的数据,小麦配额总量保持恒定数值,对比小麦的关税配额总量与2014—2021年进口数量发现,2014—2019年中国小麦进口数量在300万~400万吨,配额利用率在30%~40%,2020年和2021年的进口量大幅上升,基本满配额进口。

表1-5　2014—2021年中国小麦进口关税配额利用率

年份	小麦进口量（万吨）	进口配额（万吨）	配额利用率（%）
2014	300	963.6	31.1
2015	300.7	963.6	31.2
2016	341.21	963.6	35.4
2017	442.25	963.6	45.9
2018	309.93	963.6	32.2
2019	348.79	963.6	36.2
2020	838	963.6	87.0
2021	976.9	963.6	100.0

资料来源：中国海关总署、国家发展改革委、商务部。

中国针对农产品出口的政策有农产品出口补贴和出口退税。自2002年4月开始，国家开始实施小麦出口零税率政策，并且出口免征销项税，明显提高了小麦出口量。为了减少2006年全球粮食价格上涨对中国粮食价格的影响，2007年底取消了小麦的出口退税，并在2008年开始对小麦征收5%~25%的出口暂定税，2009年底出口暂定税被取消，从2010年至今一直实行出口零税率政策（刘田田，2017）。

世界贸易组织（WTO）农业协定对各成员国的农产品贸易行为进行了规范，但由于农产品的特殊性，农业协定并没有完全禁止对农产品贸易直接产生扭曲影响的措施，如出口补贴等。发达国家在乌拉圭回合谈判的基期（1986—1988年）有很高的出口补贴金额，因此，即使按照农业协定规定金额的36%、数量的21%比例削减，仍有很大的补贴空间。2000年，WTO各成员国出口补贴承诺水平的价值应为138亿美元，相当于1997年世界农业出口额（5 799亿美元）的2.4%。欧盟是出口补贴的主要地区，根据欧盟共同农业政策的规定，成员向第三国出口小麦等农产品时，可向共同农业基金申请出口补贴，以消除由于欧盟农产品成本高于国际市场价格水平而对出口者产生的不利因素。补贴根据欧盟农产品的市场价格与国际市场的差价，以及生产与库存情况而定，随行就市，逐笔申请。美国政府为促进小麦出口，对小麦提供了大量的出口补贴。中国小麦出口补贴措施主要为出口亏损补贴，但属于中国在入世谈判中已承诺放弃的补贴项目。

除了出口补贴外,发达国家还采取了其他贸易促进措施来加强自己国家产品的出口竞争力,如出口信贷、出口保险、出口市场开发、行业协调与出口检验等。如美国进出口银行和农产品信贷公司对农产品的商业性出口给予本国出口商的卖方信贷或外国进口商买方信贷。短期出口信贷的贷款期限可达36个月之久,贷款利率一般被固定在高出美国优惠利率0.5~1.5个百分点的水平上。1956—1984年,农产品信贷公司及进出口银行共提供了高达143.2亿美元的短期商业信贷,仅1981年至1984年4年内提供的信贷就有112.7亿美元。为促进政府项目下的农产品出口,美国向农产品进口国提供的美元贷款,贷款期限长达20~40年。欧盟各国也均对其出口提供信贷,出口信贷的利率低于市场利率,其差额由国家财政负担,以吸引资金短缺的外国进口商使用出口信贷购买贷款国的产品。加拿大的出口市场开发计划由加拿大外交部和地区工业发展部共同管理,为很多加拿大公司在国外寻找新的出口市场提供财务支持。一般情况下,政府直接参与和组织海外贸易推销访问、举办海外展览会、参加国际项目竞争投标,成立出口集团及在海外设立常驻代表处等,并为此类活动支付部分经费(一般为风险投资开销的50%;有时政府还可资助后续活动,或根据情况给予赠款)。这一计划鼓励了加拿大公司进入或扩大国际市场的业务,并通过政府分担的方式,使这些贸易促进活动减少一定的财务风险。

国际贸易政策直接影响一国小麦的国际竞争力,而通过以上国际比较发现,加入WTO后中国小麦的关税降低、配额加大,出口补贴远低于美国和欧盟等小麦主要出口国,而且缺乏出口信贷、出口保险、出口市场开发等其他贸易促进措施,这使得中国小麦的国际竞争力降低。

2. 中国小麦进出口情况分析

近10年来,中国小麦进口量出现过几次较大的波动。2010年以来,全球小麦主产国整体形势较好,产量不断提升,价格维持在较低水平,各出口国竞争加剧。2014年中国进口小麦大幅下降至300万吨,同比减少86.5%,进口金额下降至59.9亿元,同比减少85.6%。2014—2019年中国小麦进口量基本维持在300万~400万吨,其中2017年小麦进口量略高于其他年份,为442.25万吨,同比增加29.6%,进口金额73.5亿元,同比增加36.9%。2020年中国小麦进口量大幅增加,达到838万吨,同比增加140.3%,进口金额163.1亿元,同比增加135.4%。

2021年中国小麦进口仍维持增长趋势，全年累计进口小麦976.9万吨，同比增加16.6%，进口金额199.2亿元，同比增加22.1%（表1-6）。需求端方面，一是新冠肺炎疫情期间，面制食品工业品质化升级，进口面粉生产的挂面、生鲜面、冷冻面点等高端产品增多。全国最大的挂面生产企业金沙河集团，2019年开始生产哈萨克斯坦小麦制作的挂面产品，2020年销量增长至7万吨，2021年1—8月销量已达到5万吨。二是高端连锁餐饮面馆蓬勃发展，仅2021年上半年，和府捞面、五爷拌面等连锁面馆融资金额已超10亿元，其中和府捞面在全国有340家门店，年营业额超25亿元，对外宣称其面条只用加拿大红麦的麦芯粉制作。三是烘焙消费市场快速扩容，烘焙面粉（包括蛋糕低筋粉、面包高筋粉）消费量持续上升，近5年年均增速4.6%，2020年消费量达463.7万吨。供给端方面，优质专用小麦粉的消费量增长，带动面粉加工企业对进口优质小麦需求增加。据调研，2020年，全国最大的面粉加工企业五得利2020年小麦进口量超过100万吨，而在2020年之前基本未使用过进口小麦。同时，国家大力发展保税区，保税区内的加工企业进口加工用原粮不受配额限制、免收关税、免进口环节增值税。近几年已有金沙河、恒丰、爱菊等企业在国家保税区投资建厂。2020年，金沙河和爱菊在阿拉山口综合保税区进口、加工哈萨克斯坦、俄罗斯等进口小麦20万吨，恒丰在海南洋浦保税港区进口、加工澳大利亚小麦、加拿大小麦等25万吨。

表1-6 2014—2021年中国小麦进口量

年份	中国小麦进口量（万吨）	同比（%）	中国小麦进口额（亿元）	同比（%）
2014	300	-86.5	59.9	-85.6
2015	300.7	0.2	55.8	-6.8
2016	341.21	13.5	53.7	-3.8
2017	442.25	29.6	73.5	36.9
2018	309.93	-29.9	56	-23.8
2019	348.79	12.5	69.3	23.8
2020	838	140.3	163.1	135.4
2021	976.9	16.6	199.21	22.1

资料来源：中国海关总署。

在小麦进口来源方面,2019年中国小麦进口集中于加拿大、法国和哈萨克斯坦,来自这3个国家的小麦占中国进口小麦总量的73.6%,其中进口加拿大小麦的比例高达47.7%,远高于法国(13.8%)和哈萨克斯坦(12.1%)。2019年中国首次进口立陶宛小麦13.3万吨,占比4.8%。受国际贸易关系的影响,中国进口美国小麦的比例下降至3.8%,而进口澳大利亚小麦的比例也有所下降。2019年11月,中国同法国签订了价值150亿美元的合作协议,中国之后加大对法国小麦的进口。2020年进口小麦类型更加趋于多元化,一是中国进口美国小麦有所恢复,2020年6—12月,中国共进口美国小麦165.14万吨,较上年同期增长7.5倍。二是自欧盟进口小麦有所增加,2020年6—12月,中国共进口238.25万吨法国小麦及33.33万吨立陶宛小麦,较上年同期增长3.9倍和69.5%。与之前年份进口小麦多为强筋小麦或弱筋小麦不同,2020年进口小麦的类型趋于多元化,优质小麦及饲用小麦均有进口。据中国海关总署统计,2020年进口小麦838万吨,主要来自法国(占进口总量的29.2%)、加拿大(占28.2%)、美国(占20.3%)和澳大利亚(占15.0%)(图1-12)。2021年中国减少了法国小麦的进口,增加了澳大利亚、美国和加拿大小麦的进口,全年累计进口小麦976.9万吨,主要来自澳大利亚(占进口总量的28.0%)、美国(占27.9%)和加拿大(占26.0%)(图1-13)。

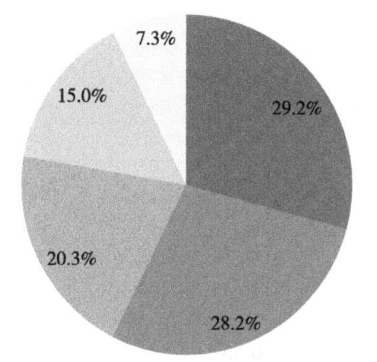

图1-12　2020年中国进口小麦来源地占比

(资料来源:中国海关总署)

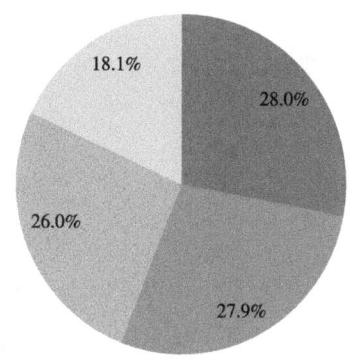

图1-13　2021年中国进口小麦来源地占比

(资料来源:中国海关总署)

中国每年也会出口一定量的小麦。2006年国际小麦价格水平较高，而中国小麦价格具有优势，因此出口量上升，并在2007年达到最高点304万吨，出口额达755万美元。2008年中国为应对金融危机对小麦市场的影响，取消了小麦出口关税，以促进小麦出口，但由于中国小麦价格持续上涨，并高于国际小麦价格，优势不足，出口量下降。2015—2020年，中国小麦平均出口量为19.4万吨，2016年降至10年来新低，为11.28万吨。中国小麦出口国家（地区）主要集中在亚洲，2015—2016年，销往中国香港的小麦量占比居首位，稳定在75.0%以上；2017年之后，中国增加了出口朝鲜的小麦量，且2017—2020年，出口朝鲜的小麦量占比逐年提升，从2017年的44.7%增至2020年的73.0%。2021年不再向朝鲜出口小麦，主要销往地区以中国香港为主，2021年累计出口小麦8.39万吨，销往中国香港地区6.78万吨，占80.8%（表1-7）。

表1-7　2015—2021年中国小麦主要销往国和地区

年份	中国小麦销售国家/地区	出口量（万吨）	占比（%）
2015	中国香港	9.16	75.2
	朝鲜	9.16	11.9
	中国澳门	1.44	5.0
2016	中国香港	8.54	75.7
	埃塞俄比亚	1.05	9.3
	朝鲜	0.70	6.2
	中国澳门	0.60	5.3
2017	朝鲜	8.17	44.7
	中国香港	7.93	43.4
	埃塞俄比亚	1.00	5.5
	中国澳门	0.55	3.0
2018	朝鲜	18.78	65.8
	中国香港	7.82	27.4

（续表）

年份	中国小麦销售国家/地区	出口量（万吨）	占比（%）
2019（1—11月累计）	朝鲜	19.07	70.8
	中国香港	6.13	22.8
2020	朝鲜	10.96	60.5
	中国香港	6.37	35.1
2021	中国香港	6.78	80.8
	中国澳门	0.46	5.5

数据来源：中国农产品供需分析系统。

第二章 国际竞争力比较

国际竞争力是一个综合性的概念,从分析层次上来讲,它包括微观层次、中观层次和宏观层次。其中关于企业、产品竞争力高低的分析属于微观层次的分析;关于行业或者产业竞争力高低的分析属于中观层次的分析;关于政府、国家的国际竞争力的分析属于宏观层次的分析。农产品国际竞争力指的是在相对自由的国际贸易市场上,某一国家或地区的农产品以成本低廉、质量更好、效率更高等优势战胜竞争对手,在国际农产品贸易中赢得市场份额并获取经济收益的能力。农产品国际竞争力一般由成本竞争力、价格竞争力和质量竞争力组成(何学松和陆迁,2005;翁鸣,2003)。

从国际贸易角度出发将国际竞争力诠释为一种比较成本优势,这是最早、也是最经典的定义,亚当·斯密的绝对优势理论、李嘉图的相对优势理论、赫克歇尔的要素禀赋理论均从国际贸易角度出发,详细定义了国际竞争力概念。

"绝对优势"理论由亚当·斯密在1776年提出,认为国际贸易和国际分工的基础在于各国在生产商品上的绝对优势,由于各国在生产技术或在资源上存在的差异,生产成本和劳动生产率在各国之间存在绝对的差异,在生产成本和劳动生产率上具有绝对优势的国家在国际贸易中对该种商品的进出口存在绝对的优势。具有绝对优势的国家在国际贸易中占据着主导地位,这种观点认为,一国只会选择专门生产本国具有绝对优势的商品,而根本不生产本国具有绝对劣势的商品,然后该国就会用生产的具有绝对优势的商品的一部分去交换本国具有绝对劣势的商品,从而达到国内生产和消费的平衡(亚当·斯密,1981)。一国的绝对优势可以通过对劳动生产率、价格和生产成本三个方面的相互比较表现出来(Smith,1993)。

"相对优势"理论是在1817年由李嘉图比较生产产品的相对生产效率所

得出的一个理论。他认为，若一国在两种商品的生产上对比另一国具有相对优势，则两个国家之间仍有可能发生互利贸易。这要求一个国家只生产并出口其绝对优势相对较大的商品，而进口其绝对优势相对较小的商品。这样两国也可以通过国际贸易提高其生活水平和社会福利（李嘉图，2005）。比较优势可以通过劳动生产率、生产成本和价格来衡量。

随着国际贸易的发展，关于贸易形成的缘由、贸易格局变化以及利益分配的研究也在不断丰富，目前主要以要素禀赋理论为主。生产要素和国际贸易的关系一直都是比较优势理论关注的核心问题，系列比较优势理论均认为国际贸易与生产要素密切相关。其中要素禀赋理论指出各生产要素的禀赋差异决定各生产要素的价格差异，而这种价格差异将影响两国生产同一产品的成本差异；要素越丰裕，其相对价格越低，农产品在国际市场上就越具备竞争力。因此，某国家某产品在国际市场上具有竞争力主要源于该产品生产要素的相对价格具有比较优势，每个国家都应生产并出口能够充分利用本国相对富裕的生产要素的产品，向其他国家进口消耗较多本国相对稀有的生产要素的产品。作为农产品生产中的重要生产要素之一，劳动力投入成本在农产品生产成本中占比很大，因此劳动力成本的变化必然引起同一产品的价格差异，进而影响该产品在国际市场上的竞争力。

粮食产业国际竞争力，是指某国或地区粮食产业相较于他国或地区粮食产业在生产效率、满足市场需求以及持续获利等方面的竞争能力。考虑到粮食商品的特殊性，以及中国是粮食生产、消费与进口大国的基本国情与农情，粮食产业国际竞争力内涵体现在以下五个方面。一是粮食供给总量的可竞争。主要是指国内粮食供给能够满足市场需求，国际合作伙伴的农业资源能够有效利用。二是粮食供给结构的可竞争。确保国内粮食生产结构与成品粮品种、质量能够有效满足市场需求（姜长云等，2019）。三是粮食流通通道的可竞争。不仅要保证国内粮食流通顺畅高效，还要确保国内国际流通渠道互联互通，实现国际粮源能够有效转为国内供给。四是粮食产业链条的可竞争。在向前向后延伸产业链的基础上，融入信息、技术等多种要素，提高粮食产业链的价值与粮食企业在国际供应链的地位。五是国际粮食市场地位的可竞争。努力冲破西方国家运用"粮食武器"获取世界霸权的战略部署，参与国际规则的制定，改变现有的不公平或不合理的贸易规则。

关于国际竞争力的解释没有统一说法，反映竞争力的指标也比较多样。目前学界对产品国际竞争力的理解通常是，产品销售在国际市场上保持顺差或平衡状态的能力，尤其是出口贸易时的竞争优势（谢汶莉和李强，2015；张丽君和喻芬芬，2019；张露和罗必良，2020）。衡量产品国际竞争力的指标有从贸易视角测算国际市场占有率、贸易竞争力指数、显示性比较优势指数等（邵润堂和张华，1999；赵东麟和桑百川，2016）；从成本视角测算农产品生产成本，包括生产所需的物质与服务费用、人工成本、土地成本等（帅传敏等，2013）；从效率视角对比分析全要素生产率等（黄勇峰和任若恩，2002；O'Donnell，2012）。但这些竞争力指标并不完全适用于中国粮食竞争力比较，主要原因有三。

一是中国粮食生产和消费规模庞大，在国际贸易上有一定的"大国效应"（钟钰等，2015）。中国粮食需求不仅直接关系近14亿人口吃饭问题，而且会传导影响到国际粮食市场。根据联合国粮食及农业组织发布的报告，全球2019/2020年度谷物贸易量约4.2亿吨，仅占中国粮食总产量的60%左右，如果中国出现较大粮食缺口，仅依靠国际粮食进口弥补，无法有效满足中国需求，还会造成国际粮源紧张，影响国际粮食供应。所以与其他农产品在国际市场上主要以提升出口的竞争目的不同，中国粮食竞争力的提升首先要符合立足国内自给安全的战略定位，这既是对全国粮食安全负责，也是对全球粮食安全负责。

二是粮食贸易面临复杂的国际环境，多重风险叠加影响中国粮食安全。对比其他高附加值农产品和工业产品在自由贸易格局下"优胜劣汰"，其受到的影响往往直接来自市场，而粮食作为涉及国计民生的战略基础性农产品，除受到市场的影响，还经常成为国际政治谈判的重要筹码。2020年新冠肺炎疫情暴发，俄罗斯、越南等12个国家先后宣布或直接启动了粮食出口禁令以求自保（崔奇峰等，2020）。粮食主要参与国任意干扰国际市场格局，现实情况已不符合纯粹经济学的分析假设前提，单纯从经济学角度出发的竞争力指标难以分析对比出真正的粮食国际贸易形势。

三是粮食贸易所面临的风险已经从局部风险叠加至全球风险。虽然我国在过去面临一系列地缘政治格局变动、国际贸易保护主义和单边主义行为等，但在学者们的长期研究下，积累了一系列有效的应对方案，包括和关系国直接谈判,开发潜力国家市场等。但随着全球公共事件频发,全球大部分国家乃至所有国家都受到影响时,粮食国际供应链被切断,只有本国粮食供给能力才能保障国家粮食安全,这也是粮食国际竞争力内涵区别于其他农产品争取贸易顺差或平衡的重要原因,粮食国际竞争力并非以"贸易中求收益"为第一目标,而是"风险中求安全"为主要要义。

总体来看,粮食国际竞争力的最主要表现并非是稳定贸易格局下的贸易顺差或平衡,更应该强调在不确定性风险中的国家粮食安全保障能力,粮食国际竞争力的主要目标是在竞争扭曲格局中,追求"风险最小化"和"安全最大化",最终实现"饭碗牢牢端在自己手中"的粮食安全目标。

第一节 中国粮食国际竞争力指标选择

由于粮食国际竞争力内涵与其他产品竞争力内涵差异较大,粮食竞争力指标需要根据实际情况重新划定。基于粮食是满足国内自给的战略定位,不同于其他农产品以贸易顺差或占有市场为主要目标,不能直接采用传统贸易竞争力指标,应该从自由贸易格局下求收益最大化的视角,调整为以不确定性风险下求安全最大化为主,同时兼顾收益。本节从成本竞争力、价格竞争力、可持续发展竞争力、政策支持和品质竞争力等维度比较分析粮食国际竞争力。

一、成本竞争力比较

为了综合分析成本竞争力,选用以下三个指标反映成本竞争力情况:一是土地产出率即单产,单产高意味着该产品技术水平也相对较高,所消耗的土地等资源要素相对较少,可以分摊单位数量粮食所消耗的各方面资源;二是亩均收益,粮食亩均收益与粮食生产者收入直接挂钩,是维护粮食生产积极性、保持国家产粮稳定性的重要因素;三是总成本,即粮食生产过程中发生的各种费用总和。

二、价格竞争力比较

价格是比较国际竞争力的传统指标，能最直接反映市场上的竞争关系，在粮食产品高度同质化的情况下，是粮食购买者最敏感、最关心的指标，同时直接关系到下游产业成本竞争力。选用两个指标来衡量价格竞争力：一是生产者出售价格，这是粮食从产品变商品的第一次价格，既可以反映一定的粮食生产总成本，也可以从源头上看到粮食的价格竞争力；二是国内市场价格，从市场交易角度来看，市场价格是国内粮食供需现状的表现，其在一定程度上反映了粮食生产和流通总成本，是国内粮食购买者面临的直接使用成本，与国际粮食价格形成直接竞争关系。

三、可持续发展竞争力比较

在保障粮食安全过程中，不仅要关注现实产量，还要关注产能建设，可持续发展是产能建设的重要内容。选用两个指标来分析可持续发展竞争力：一是单位面积化肥农药投入，具体指标为每亩化肥农药投入量，单位面积投入量越低，对土地资源的破坏越小，未来土地可持续利用、粮食持续产出的可能性就越高；二是化肥农药投入产出比，该指标用以反映化肥农药施用效率，化肥农药施用效率越高，其土壤残留越少，对土地破坏越小，可持续利用能力也就越强，以此衡量不同国家之间化肥农药施用效率差异。

四、政策支持比较

粮食的准公共物品属性决定了粮食的供给离不开政府参与，而政府参与形式往往是政策支持和行政调控，所以前三类指标一定程度上都会受到政府政策的影响，而政策支持的高低可以反映出粮食市场化水平，即在自由贸易格局下的竞争水平。通过分析各国向世界贸易组织（WTO）通报的粮食政策支持数据，可以判断一个国家粮食产业强弱是源自国内政策大力扶持，还是产业本身的活力，以便清晰了解粮食生产受政策影响的强度，提高粮食产业发展水平。

五、品质竞争力比较

品质是小麦育种和生产的重要目标,也是影响产业竞争力的重要因素。因人多地少矛盾突出,中国小麦育种长期以提高产量和改良抗病、抗逆性为主。随着中国经济发展和消费升级,食品工业和餐饮行业对原料的品质和专用性提出了更高的要求。如何提升小麦加工性能和食用品质,已成为小麦产业和食品餐饮产业可持续发展的关键问题。国家自2017年启动"优质粮食工程",着力提高粮食产后服务水平,强化质量安全检验监测保障,引导绿色优质粮油产品消费,促进优粮优产、优粮优购、优粮优储、优粮优加、优粮优销"五优联动",在推动粮食行业高质量发展方面取得了一定的成效。但近些年在国际小麦市场价格快速上涨的背景下,中国小麦进口仍在持续增长,主要还是因为国内面粉及面制品加工企业对质量优、品质稳、专用性强的小麦原粮和面粉需求旺盛。通过分析主要进口来源国的小麦标准、种类和品质特性,可为中国小麦品种审定和收储标准制修订、品种品质改良和生产结构调整提供依据和参考。

第二节 成本收益比较

加拿大、澳大利亚等国家只有以农场或农产品行业为对象的成本收益核算,而没有以具体农产品为对象的成本收益核算。欧盟仅可获取2012年的数据,但通过欧盟农产品的成本上涨率及历年小麦价格、产量等数据,可估算欧盟小麦历年生产成本和净利润。因此,鉴于数据可获性的限制,只选取了中国、美国和欧盟的数据进行比较。

一、土地产出率

此处土地产出率指小麦单产水平,即平均每单位土地面积(亩、公顷等)上收获的小麦数量(千克、吨等),反映了小麦的生产水平。据美国农业部(USDA)统计数据显示,中国小麦单产水平在全球平均水平之上,高于美国、加拿大、俄罗斯、澳大利亚等小麦主产国，低于欧盟小麦单产水平，但差距逐步缩小。2000/2001—2020/2021年中国小麦单产水平稳步上升，从3 740千克/公顷增至5 670千克/公顷，增幅51.6%，年均增长率2.1%，20年复合增长率为4.2%。2020年中国单产水平为5 670千克/公顷，已超过欧盟5 540千克/公顷的单产水平（图2-1）。

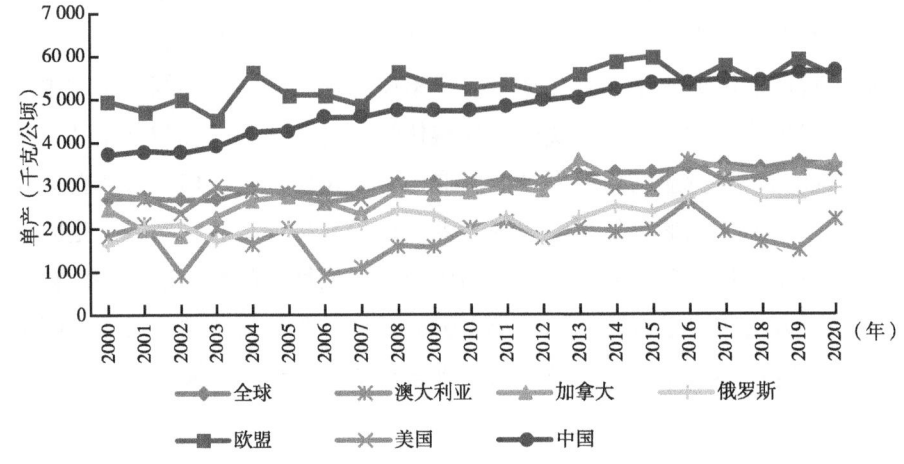

图2-1　2000—2020年全球及主产国（地区）小麦单产水平

[资料来源：美国农业部（USDA）]

二、亩均收益

亩均净利润指产品产值减去生产过程中投入的现金、实物、劳动力和土地等全部生产要素成本后的余额，反映了生产中消耗全部资产的净回报。由于生产成本、小麦价格、种植补贴等因素影响，中国、美国及欧盟小麦亩均净利润均不高，但中国小麦亩均净利润始终高于欧盟，除2012年和2018年之外，中国小麦亩均净利润均高于美国，且只有2013年、2016年及2018年净利润为负值。2005—2018年中国小麦亩均净利润整体呈大幅下降趋势。其中，2005—2012年中国小麦亩均净利润先升后降，在2008年达到最高值164.51元/亩，之后缓慢下降，2011年之后大幅下降，2013年净利润出现负值，为-12.78元/亩，之后小麦亩均净利润呈波动下降趋势，且波动幅度较大，2018年小麦亩均净利润达到历史最低值-159.41元/亩。欧盟小麦亩均净利润常年为负值，2014年亩均净利润最高为14.60元/亩，2016年亩均净利润最低为-298.13元/亩。美国2008年、2011年及2012年净利润为正值，其余年间均为负值。2012—2018年美国小麦亩均净利润持续下降，下降趋势较缓，主要原因在于美国小麦种植面临土壤结构、水资源供应、小麦品种等多方面的挑战，盈利能力下降（图2-2）。

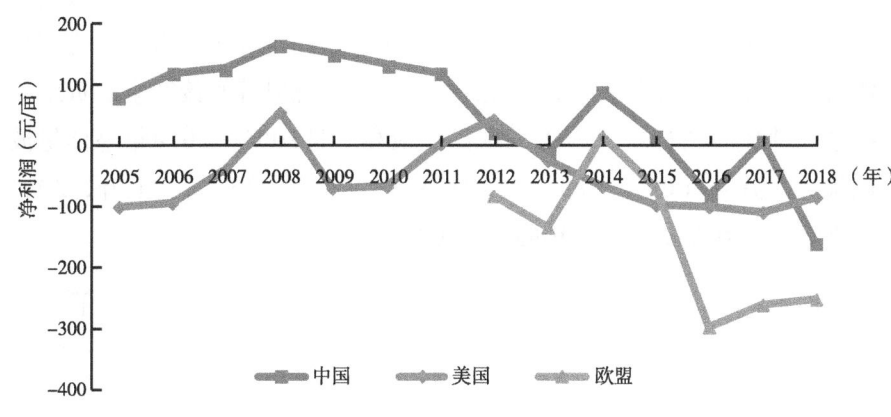

图2-2　2005—2018年中国及美国小麦亩均净利润

（资料来源：2005—2018年中国及美国亩均净利润数据来自《全国农产品成本收益资料汇编》；2012—2018年欧盟亩均净利润根据欧盟小麦生产总成本及单产和价格水平测算得出）

三、生产总成本

生产总成本指生产过程中耗费的现金、实物、劳动力和土地等所有资源的成本之和。中国小麦生产总成本核算指标比较全面，包括人工、土地、物质和服务等费用。

人工成本是指生产过程中直接使用的劳动力成本，即企业在生产经营过程中产生的所有直接和间接员工工资的总和（朱雪连，2012）。但本文的劳动力成本指劳动力价格，即雇用一个劳动力需支付的费用，包括家庭用工折价和雇工费用两部分。其中，家庭用工折价是指生产中耗费的家庭劳动用工按一定的方法和标准折算的成本，反映了家庭劳动用工投入生产的机会成本；雇工费用是指因雇用他人（包括临时工和长期合同工）劳动（不包括租赁作业时由被租赁方提供的劳动）而实际支付的所有费用，包括支付给雇工的工资和合理的餐食费、住宿费、保险费和招待费等。

土地成本，也可称为地租，指土地作为一种生产要素投入生产中的成本，包括流转地租和自营地折租两部分。

物质和服务费用是指在直接生产过程中消耗的各种农业生产资料的费用、购买各项服务的支出以及与生产相关的其他实物或现金支出。包括直接费用和间接费用两部分。其中直接费用是指包括化肥、农药等在内的种植小麦直接产生的费用，而间接费用是指包括维修、技术服务、燃料等间接产生的费用。

在这三项成本指标中，人工成本占比最高，且2005—2018年整体呈波动上升趋势，尤其是2009年之后，人工成本占总成本的比重大幅上升，2013年之后有所回落，但仍高于2005年的水平（图2-3）。

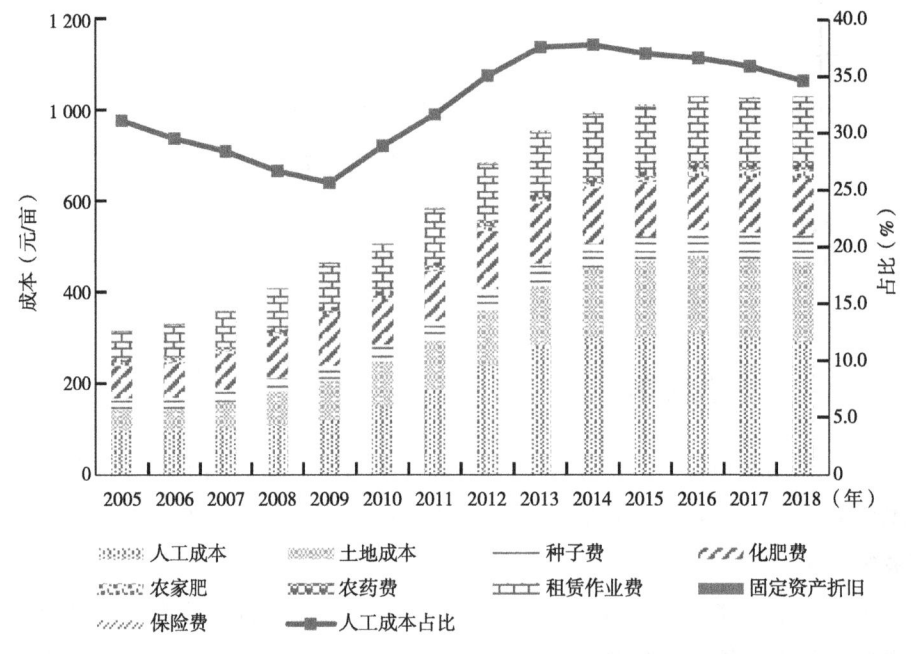

图2-3 2005—2018年中国小麦生产成本主要构成

（资料来源：《全国农产品成本收益资料汇编》）

美国小麦生产总成本核算指标与中国基本相同，但划分方法有所不同。美国将生产成本分为运营成本和间接费用两项,其中运营成本包括种子、化肥、农药等费用,间接费用则包括人工、土地、固定资产折旧、管理等费用。其中固定资产折旧费占比最高,且2008年之后占比逐年上升(图2-4)。固定资产按分类折旧率计提折旧,种植业各类固定资产中大中型农具和器具的折旧率为20%。

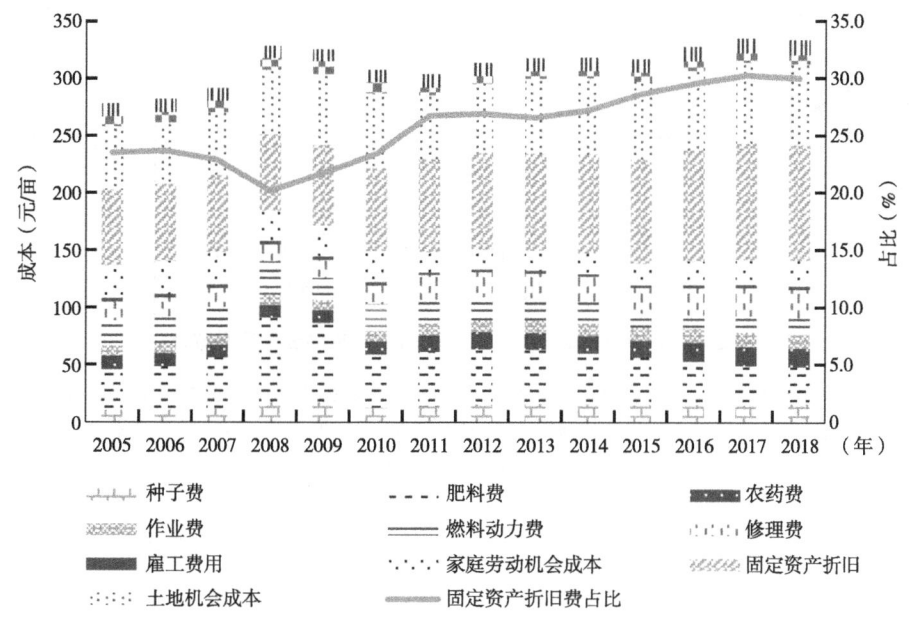

图2-4 2005—2018年美国小麦生产成本主要构成

(资料来源:《全国农产品成本收益资料汇编》)

据《全国农产品成本收益资料汇编》统计,2005—2018年中国小麦生产总产本大幅度上升,从389.61元/亩上升至1 012.94元/亩,涨幅高达160.0%,年均增速为7.77%。2005—2018年美国小麦生产总成本基本保持稳中略增趋势,2018年生产总成本为335.86元/亩,较2005年涨55.96元,涨幅为20.0%。2008年、2009年波动较为明显,主要原因在于肥料费的增加。受人工成本和土地成本增加的影响,2009年以后,中国小麦生产总成本与美国小麦生产总成本差距逐年扩大(图2-5)。

小麦生产成本主要与投入要素的价格及要素投入量有关。从中国、美国和欧盟的小麦生产成本结构看,中国的人工成本和土地成本占比明显较高,而美国和欧盟的固定资产折旧费用占比明显高于中国，主要原因在于发达国家的农业机械化水平较高，而中国仍需大量人工进行小麦种植，因此人工成本占比较高，而美国和欧盟的机械成本占比相对较高，主要体现在燃料、维修以及固定资产折旧等方面（图2-6和图2-7）。

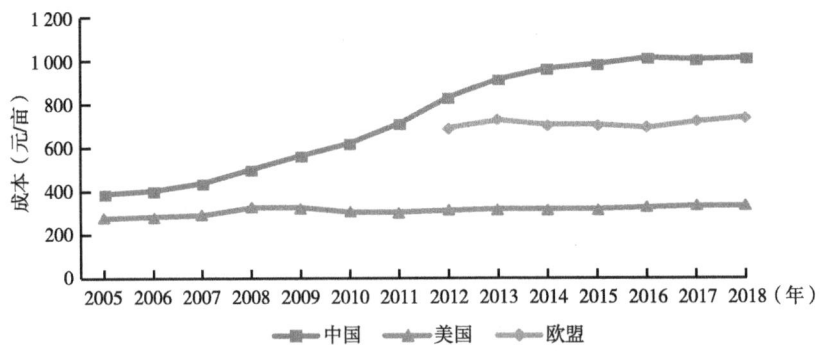

图2-5　2005—2018年中国、美国及欧盟小麦生产总成本

（资料来源：2005—2018年中国、美国小麦生产总成本数据来自《全国农产品成本收益资料汇编》；欧盟2012年小麦生产总成本来自欧盟委员会，2013—2018年生产总成本根据欧盟小麦种植面积和成本年增长率测算得出）

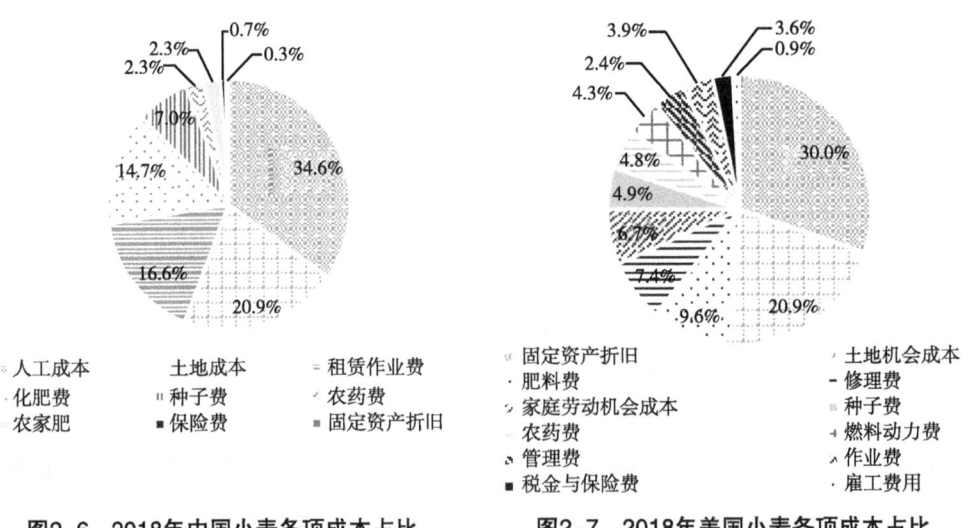

图2-6　2018年中国小麦各项成本占比　　**图2-7　2018年美国小麦各项成本占比**

（资料来源：2018年中美小麦生产各项成本数据来自《全国农产品成本收益资料汇编》）

欧盟小麦生产总成本核算指标主要包括人工、土地、物耗以及间接费用等，物耗主要包括种子、化肥、农药、燃料动力及维修等费用，固定资产折旧和财务费则属于间接费用。其中人工成本、肥料费、固定资产折旧费用占比较高（图2-8）。

2018年中国人工成本占比34.6%，土地成本占比20.9%，这两项成本之和占比高达一半以上；其次为租赁作业费和化肥费，占比分别为16.6%、14.7%；固定资产折旧费占比最低，仅为0.3%。而美国的固定资产折旧费占比高达30.0%，为各项成本之首，雇工费用占比最低，仅为0.9%。欧盟与中国相同，占比最高的均为人工成本，但欧盟各项成本占比差距较小，其中人工成本占比为16.9%，远低于中国；肥料费和固定资产折旧费占比分别为13.8%和13.2%，仅次于人工成本（图2-8）。

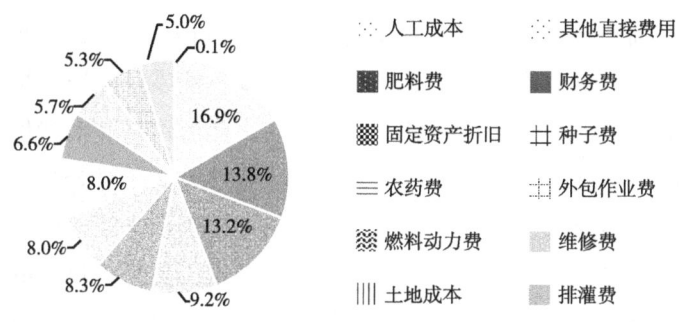

图2-8　2012年欧盟小麦各项成本占比

（资料来源：欧盟小麦生产各项成本数据来自欧盟委员会）

第三节　价格比较

中国小麦流通市场不断完善，小麦价格在流通中作为一个链条，将整个市场串成了一个连贯的整体。了解小麦的价格波动、影响因素及作用机制，对于把握小麦市场特征，制定合理的价格政策具有重要意义（郑文倩，2016）。

小麦的流通过程包括生产、流通、加工和销售四大环节。因为不同环节的交易双方和交易方式不同，所以小麦在不同环节成本不同，进而导致小麦在交易的不同阶段价格也出现差别，相应地就产生了小麦的生产者价格、流通价格（即批发价格）、零售价格等价格形式。

小麦的生产者价格是在小麦生产环节产生的，也就是小麦的收购价格，是农户直接出售小麦的初级价格，也是商业经营者或者粮食收购企业直接从农户手里收购小麦的价格。小麦的生产者价格等于小麦的生产成本加上农户的收益之和，在小麦价格体系中具有举足轻重的作用。首先，作为小麦的第一手价格，小麦的生产者价格是小麦价格形成的基础，直接决定了小麦价格的高低。其次，一部分小麦是作为工业原料进入流通环节的，作为价格传导机制的上游，小麦价格对依赖其生产的工业品和商品的价格起着决定性的作用。小麦的生产者价格是小麦从生产领域进入流通领域的第一道关卡，其高低对国家与农民的关系、农业与工业的协调、人民生活水平等具有重要的作用，必须十分重视。

小麦在流通市场的流通价格就是小麦的批发价格。小麦的批发价格是指小麦在批发市场的交易价格，是小麦收购者以及一些零散麦农在批发市场上销售的小麦的价格。小麦的批发价格介于小麦的生产者价格和消费价格之间。小麦批发价格按照功能不同可以分为两大类：政策性收购价格和自由贸易价格。前者是国家收购小麦的价格，是为了调节小麦市场供求平衡，确保小麦价格稳定，是国家进行宏观调控的手段之一。后者则是自由贸易市场上的小麦价格。小麦的批发价格是在小麦生产者价格的基础上，加上流通费用、批发商利润形成的，即小麦的批发价格=小麦的生产者价格+流通费用+批发商利润。

在小麦的批发价格中小麦的生产者价格也占据最重要的位置，占比超过90%。通过将小麦的批发价格和生产者价格数据进行比较发现，二者的波动趋势基本一致，批发价格虽然略高于生产者价格，但是差别不大。

小麦的消费价格是指小麦的零售价格，小麦的零售是以面粉和用面粉加工制成的馒头、面条、面包等制成品的形式进行的，所以小麦的消费价格也就是面粉或者面包等面制品的销售价格，是由小麦的购入成本价格和面粉磨制过程中的电费、雇工费、管理费、加工费以及面制品制作费用等组成，其中小麦的购入成本价格占小麦总消费价格的92.8%~94.8%。

与小麦的生产者价格、流通价格和消费价格等现货价格不同，小麦的期货价格指在小麦期货市场上通过公开竞价方式形成的小麦期货合约上标明的价格，是对小麦价格的预期。中国农产品期货交易所主要为郑州商品交易所、大连商品交易所两大所,其中小麦期货交易主要在郑州商品交易所完成。小麦的期货价格是与小麦的现货价格相对的,其中小麦的现货价格是基础,二者互相影响,趋势也基本一致。一些农产品经营者和投资者会利用小麦的期货价格来套期保值,所以小麦的期货价格一般具有规避生产经营风险等作用,也越来越受到人们的关注。通过将小麦市场价格和期货价格进行对比,我们可以发现小麦市场价格和期货价格的波动态势基本一致,但是期货的价格波动更加剧烈,并且略高于市场价格。对比小麦的期货和现货价格可以发现,影响小麦期货价格的因素不仅包括气候、面积、农业技术、政策、国际小麦价格等客观因素,还包括信息因素、投资者心理因素、投资预期等主观因素。所以影响小麦期货价格的因素更加复杂多元化,也造成了小麦期货价格的不易预测性。总之,小麦的生产者价格在小麦的整个价格体系中占有举足轻重的位置,是整个小麦价格体系的基础,其余价格与生产者价格的波动趋势基本一致。所以本文后面关于影响小麦价格的形成因素以及小麦价格的实证分析都是建立在小麦的生产者价格基础之上。后文所研究的小麦价格均指小麦的生产者价格。

小麦出售价指的是小麦贸易商或者农户向其他加工企业出售小麦的价格,而市场价一般指市场上出售小麦时的价格,出售价一般要比市场价格低,主要是为了考虑加工企业的利润。两者不同之处在于,一是市场价主要是指产品在市场上的价格,而出售价指的是产品在交易时的价格;二是市场价是按照产品的价格为主或者作为参考。而出售价主要是企业和企业,或者企业和个人等形成的一种交换,大批量的订购等相对价格要比市场价低;三是市场价主要是为大众做的一种销售价格,而出售价一般主要是为批发商或者大型企业提供的;四是市场价主要是按照市场的行情或者市场的需求导致的,而出售价有国家规定价格、国家指导价格和由市场调节的价格,价格相对比较平稳。

一、平均出售价格

2005—2009年及2011年,欧盟小麦出售价格高于中国和美国,其他年间价格低于中国,但高于美国;除2008年之外,2005—2018年中国小麦出售价格均高于美国。2005年中国小麦出售价格为1.38元/千克,2005—2014年中国小麦出售价格呈直线上升趋势,且在2014年达到最高出售价格2.41元/千克,之后波动下降。2004年国家实施流通体制改革，落实各项利农、惠农政策，小麦产量大幅提高，供求状况改善。2005年价格小幅下降，为了保障农民种植收益，政府加强了政策支持力度，2006年之后小麦价格开始恢复性上涨。2006—2014年小麦最低收购价每年均有不同程度的提高，2015年保持不变，小麦出售价格略降。但从长远来看，减少了人为因素的影响，利于小麦市场的稳定发展，实现小麦市场从"政策市"向"市场市"的过渡。2015—2018年中国小麦价格略有波动，但整体保持稳中有增的态势。

  2005—2018年美国小麦出售价格波动幅度较大，其中2005—2008年美国小麦出售价格直线上升，从2005年的0.95元/千克上升至2008年的最高价格2.01元/千克，此时高于中国小麦出售价格；2008—2018年波动下降，2016年中国和美国小麦价差最大，为1.27元/千克。

  2005—2018年欧盟小麦出售价格整体呈波动下降趋势，其中2008年出售价格最高，为2.51元/千克，此后波动下降至2016年的1.10元/千克的最低水平，2018年价格回升至1.36元/千克，此时与美国小麦出售价格相当，但远低于中国小麦出售价格（图2-9）。

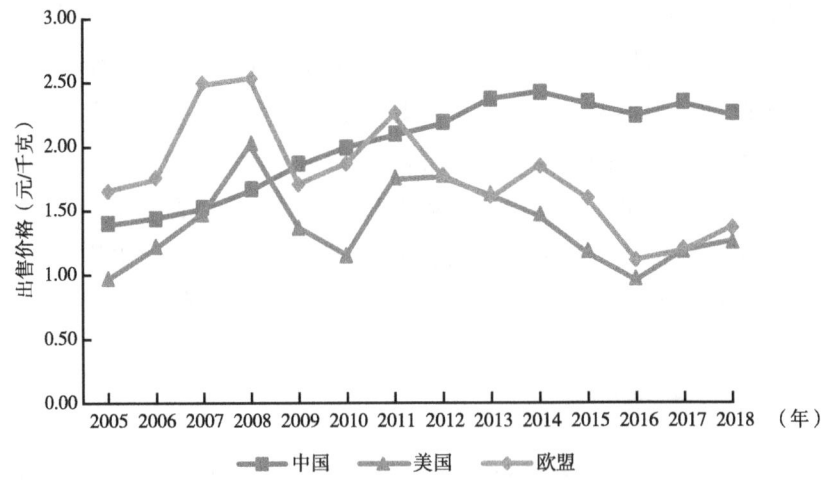

图2-9　2005—2018年中国、美国及欧盟小麦出售价格

（资料来源：2005—2018年中国、美国小麦出售价格数据均来自《全国农产品成本收益资料汇编》；欧盟小麦出售价格来自FAO统计数据库）

二、国内市场价格

除2007年、2008年之外,中国小麦市场价格均高于美国,且价差较为明显。2005—2014年中国小麦市场价格保持平稳上升趋势,2014—2020年价格有所波动,整体保持稳定。2020年中国小麦市场价格为2.39元/千克,较2005年1.51元/千克上涨0.88元/千克,涨幅58.3%,年均涨幅3.3%,2018年小麦市场价格达到最高值2.58元/千克(图2-10)。中国小麦市场价格上涨受供需双方多重因素影响,供给端在于小麦生产成本的持续增加,需求端则主要在于人们饮食结构发生改变,专用小麦粉需求逐渐增加,加工企业对于优质专用小麦的需求上升。

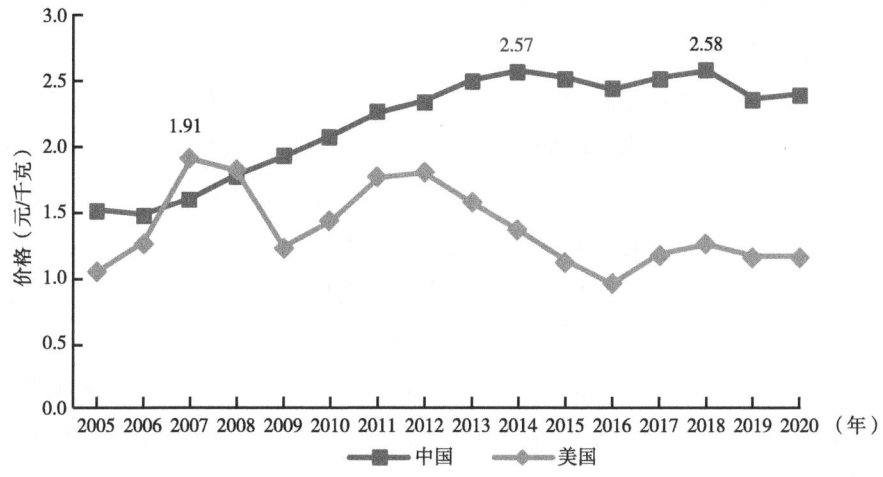

图2-10 2005—2020年中国和美国小麦市场价格

(资料来源:2005—2018年中国小麦市场价格数据、2005—2019年美国小麦市场价格数据均来自《中国农产品价格调查年鉴》;2019—2020年中国小麦市场价格数据、2020年美国小麦市场价格数据均来自中国农产品供需分析系统)

第四节 可持续发展竞争力比较

可持续发展是指既满足当代人的需要,又不能给后代人生产生活造成危害的发展形势。主要有两个方面的含义：一是需要，指满足人类生存需要和提高生活水平的需要，将生存需要放在第一位来考虑；二是限制，指人类的生存与发展和需要应以地球上资源的承受能力为限度，通过人类行为干预及各种综合活动，有意控制发展规模，进而限制对资源的发掘，实现永续利用长期发展的目标。生态持续发展是经济可持续发展的基础和动力，经济持续发展能够为生态持续发展创造条件。随着环境破坏以及重大污染问题的出现，通过行政手段实施可持续发展成为当今人们越来越认同的共识。现在世界普遍面临着资源短缺、环境污染等复杂问题，可持续发展概念就是在人类深刻认识这些突出问题的基础上提出的。

化肥和农药是中国重要的农业生产资料，在中国农业生产中发挥着重要的作用，但长期大量地使用化肥和农药，也影响到了农业的可持续发展。中国是农业大国，化肥和农药的使用量都是世界第一，但农药和肥料的利用率却只有30%左右，发达国家农药和肥料的利用率可以达到50%左右。大量使用农药、化肥不仅会增加生产成本，给农民带来经济损失，同时也会给生态环境带来较大负担。化肥造成的污染、化肥的超量或不合理使用对水体造成污染，使水质严重恶化，化肥中还含有一些致癌物质，威胁人体健康。此外，化肥长期大量和不合理使用导致土壤理化性质变劣、土壤结构破坏和土壤板结，同时使土壤受到重金属污染，进而作用于作物。农药和农药生产、加工企业将废水、废渣向土壤直接排放，经生物圈的物质循环，大部分进入水体和土壤，使自然环境受到不同程度的污染，生态平衡遭到破坏；而渗入地表深处受农药污染的地下水，将污染井水和河水等饮用水源。

一、化肥和农药投入产出比较

化肥/农药投入产出水平反应1单位化肥/农药获得多少单位产出量，用来衡量投入产出水平的高低。通过对俄罗斯、加拿大、澳大利亚、美国、欧盟和中国小麦化肥投入产出比测算发现，俄罗斯化肥投入产出水平远高于其他国家，而中国化肥投入产出水平最低。2000—2018年，俄罗斯化肥投入产出比均值最高，为151.14，是中国的11.3倍。虽然中国单产水平高于俄罗斯，但中国的化肥投入量是俄罗斯的24倍多，单产水平仅比俄罗斯高出2倍，因此中国与俄罗斯的化肥投入产出比差距较大。欧盟、加拿大、澳大利亚和美国的化肥投入产出比均值分别为39.29、34.81、21.89、24.55，均高于中国13.36的水平。

除俄罗斯外，2000—2018年各个国家的化肥投入产出比均比较稳定，俄罗斯呈波动下降趋势，但降幅较小。2018年，俄罗斯的化肥投入产出比为132.62，较2000年下跌7.9%；2018年欧盟、澳大利亚、加拿大、美国和中国的化肥投入产出比分别为39.01、19.89、29.37、25.28和15.66，较2000年分别变化11.1%、5.0%、-28.7%、-4.0%和10.2%（图2-11）。

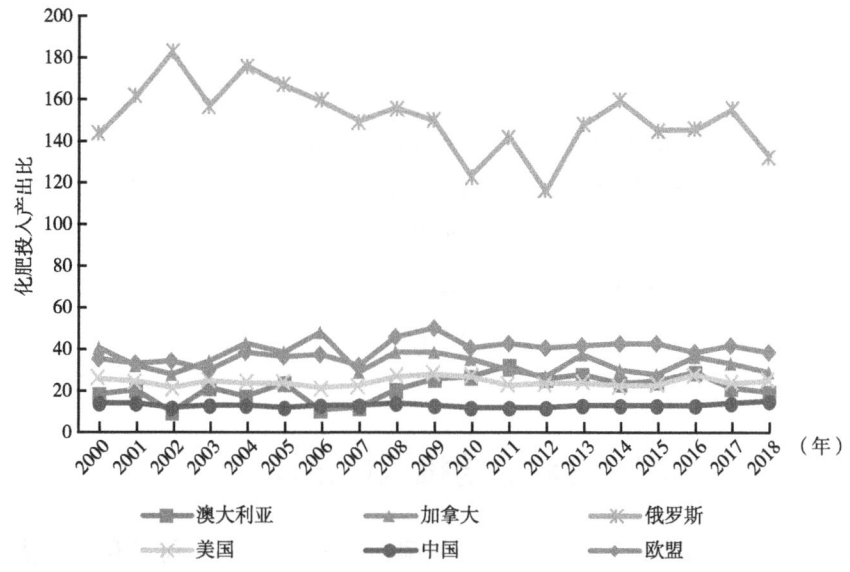

图2-11　2000—2018年各小麦主产国（地区）化肥投入产出比

（资料来源：FAO数据库）

俄罗斯的农药投入产出水平同样高于其他国家，中国的农药投入产出水平仍然最低。2000—2018年，俄罗斯农药投入产出比均值为6 137.90，是中国的15.7倍。欧盟、加拿大、澳大利亚和美国农药投入产出比均值分别为1 773.24、2 009.98、1 163.61、1 207.04，均高于中国390.15的水平。俄罗斯、加拿大和澳大利亚的农药投入产出比波动下降，2018年俄罗斯、加拿大和澳大利亚的农药投入产出比分别为4 387.10、2 009.98和832.51，较2000年分别下跌35.0%、45.2%和35.5%；欧盟、美国和中国的农药投入产出比稳中略涨，2018年欧盟、美国和中国的农药投入产出比分别为1 703.82、1 259.84和414.69，较2000年上涨0.1%、7.7%和9.1%（图2-12）。

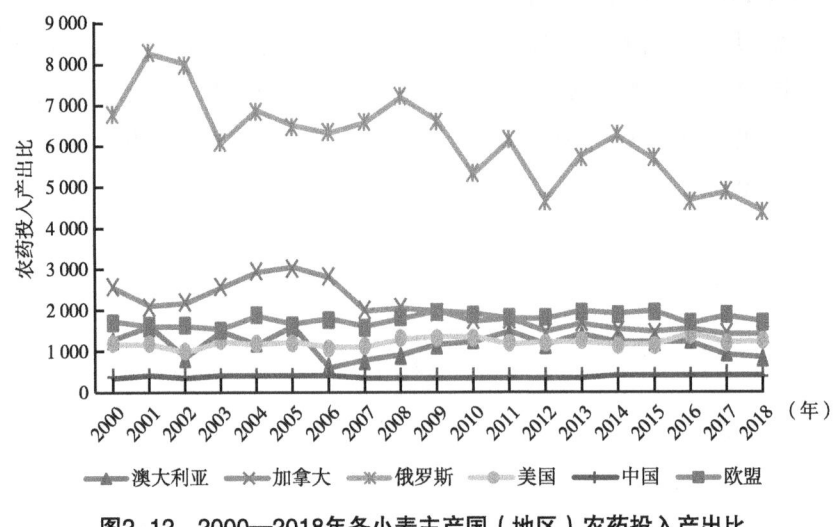

图2-12　2000—2018年各小麦主产国（地区）农药投入产出比

（资料来源：FAO数据库）

二、单位面积化肥和农药投入量比较

中国农药/化肥投入量均远高于美国、俄罗斯、澳大利亚和加拿大等国家。2000—2018年中国单位面积农药/化肥投入量整体呈上升趋势，其中2000—2014年中国单位面积农药/化肥投入量波动上升；2015年农业部针对农药/化肥使用量零增长制定了相关行动方案，2015—2018年中国单位面积农药/化肥投入量持续下降，但相较于其他小麦主产国，中国仍保持较高水平的投入量，投入量最低的国家为俄罗斯。2018年中国、美国、欧盟、加拿大、澳大利亚、俄罗斯的化肥投入量分别为23.08千克/亩、8.44千克/亩、9.44千克/亩、7.42千克/亩、5.66千克/亩、1.37千克/亩，中国化肥投入量是俄罗斯的16.88倍（图2-13）；2018年中国、美国、欧盟、加拿大、澳大利亚和俄罗斯的农药投入量分别为0.87千克/亩、0.17千克/亩、0.19千克/亩、0.16千克/亩、0.14千克/亩和0.04千克/亩，中国农药投入量是俄罗斯的21.08倍（图2-14）。

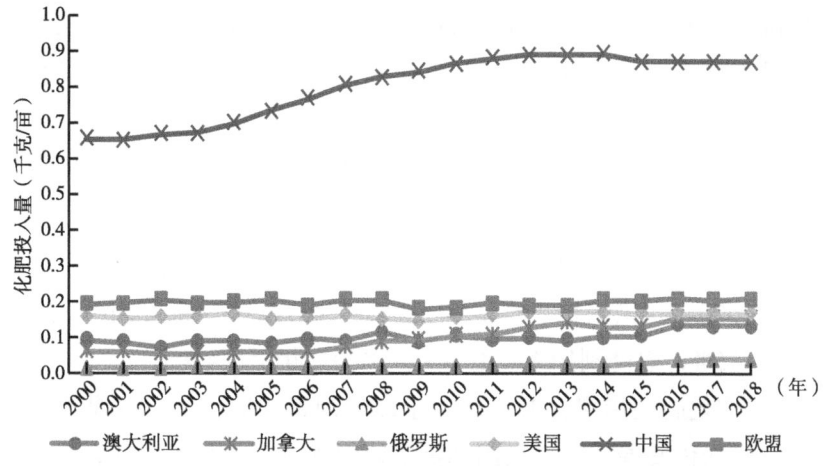

图2-13 2000—2018年各小麦主产国（地区）化肥投入量

（资料来源：FAO数据库）

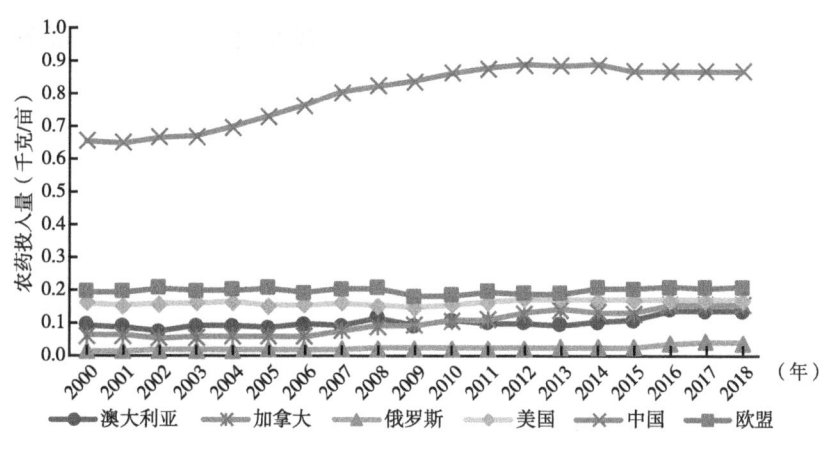

图2-14 2000—2018年各小麦主产国（地区）农药投入量

（资料来源：FAO数据库）

三、化肥和农药有效利用率

化肥利用率是指施在土壤中的化肥，在一定时期内，某种营养元素被作物吸收利用的数量，占总施肥量中该元素施入量的百分比；农药利用率是指单位面积内沉积在靶标上的农药量占所使用农药总量的比例，也就是沉积率。一般意义上是将整个大田作物视为靶标，农药沉积在作物上的部分，就认为是有效量。

2015年以来，中国农药/化肥投入量持续下降，利用率逐步上升。2019年中国小麦、玉米、水稻三大粮食作物的农药、化肥利用率分别为39.8%、39.2%，较2017年分别提高1.0个、1.4个百分点，较2015年分别提高3.2个、4.0个百分点。2020年我国水稻、小麦和玉米三大粮食作物化肥利用率达40.2%，比2015年提高5%；农药利用率达40.6%，比2015年提高4%。

中国农药/化肥利用率提升，取决于多项因素共同作用。一是理念方面，各地大力推广绿色发展，普遍认同减量增效理念。二是技术方面，中国大面积推广和应用节肥节药技术，其中测土配方施肥技术应用面积193亿亩次、技术覆盖率达89.3%，绿色防控面积超过8亿亩。三是产品方面，加快绿色高效产品的推广应用，例如有机肥、缓释肥、绿色病虫害防控产品等的应用。四是专业服务方面，农药/化肥实施的专业化服务组织快速发展，有效提高农药/化肥利用率。

第三章　政策支持强度比较

小麦支持强度为每产出一吨小麦所获得的政策支持金额。中国、欧盟、美国支持强度较高且波动较大,2014年之后,中国支持强度超过美国;欧盟和加拿大对国内小麦政策支持强度较为稳定,但欧盟支持强度较高,加拿大支持强度较低(图3-1)。

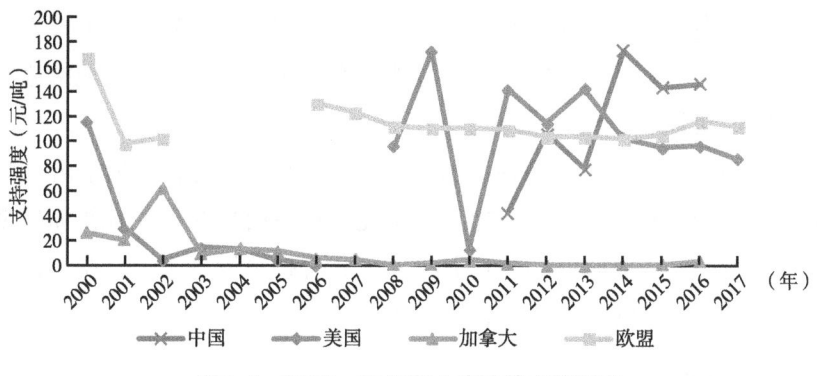

图3-1　2000—2017年小麦政策支持强度

(资料来源：WTO文件)

第一节　中国小麦政策支持强度

一、中国小麦价格支持政策演变史

新中国成立以来,国家为了稳定粮食市场,保障国家粮食安全及农民利益，针对不断变化的粮食价格和市场实际情况，在不同阶段制定了不同的粮食支持政策进行市场调控，主要以价格政策为主，先后实施过自由购销和定价、统购统销政策、"双轨制"政策、"保护价收购"政策、"最低收购价格"政策等，是20世纪后期粮食支持政策变动较为频繁的国家。

（一）自由购销和定价

1949年新中国成立初期，国民经济受到严重破坏，工业生产下降，公有制经济发展伊始，在粮食市场上无法左右局势，加上私营粮商投机，物价大涨。为了稳定市场，发展经济，巩固新生的无产阶级政权，中央政府相继采取了一系列措施，形成了建国初期多种经济成分共存的粮食自由购销和定价体制。首先是掌握粮源打击投机势力，稳定市场粮价；其次，为了尽快恢复和发展国民经济，国家一方面大力发展国营和合作社经营力量，同时还利用私营粮商参与粮食流通，以满足农民卖粮和城市居民食粮的需要；1950年3月中央人民政府政务院又发出了《关于统一国家财政经济工作的决定》，配合其他措施共同实施，使国民经济恢复正常，粮食生产、供给和价格也都逐步好转，1952年粮食产量达到16 392万吨，比1949年增产44.8%，平均粮食收购价格由1950年的0.111元/千克上升到1952年的0.120 8元/千克。这一时期为国民经济恢复期，从政策实施的结果看，该时期的粮食购销制度和价格政策基本符合中国国情和市场发展的需要（姚今观和纪良纲，1995）。

（二）统购统销政策

1953—1984年，中国粮食商品流通基本沿用国营粮食企业垄断经营的统购统销体制。粮食自由购销和定价时期的一系列政策的实施虽然使市场逐步稳定，粮食生产、供给和价格逐步好转，但是并没有从根本上解决粮食供求矛盾问题。1952—1953年，全国粮食销售量比上年度增加84%，比同年度收购量高出72.95%（姚今观和纪良纲，1995），由此引发了农民惜粮待售，私营粮商乘机套购、囤积居奇、哄抬粮价，居民争购或抢购。1953年11月23日，中央人民政府政务院制定了《关于实施粮食计划收购和计划供应的命令》。粮食的计划收购和计划供应，简称统购统销。具体做法是：对农村余粮户，在留足口粮、种子、缴纳农业税和其他用粮之后，对余粮实行计划收购政策，对城镇居民和农村缺粮户实行计划供应，国家严格控制粮食市场，严禁私商自由经营粮食，并对粮食价格实行统一管理，由政府定价。这一政策的实施在当时取得了较好的成效，一方面国家掌握的粮源比例增大，一定程度上缓解了供求矛盾；另一方面基本稳定了粮食价格。

（三）"价格双轨制"政策

在计划经济体制背景下，统购统销政策无法最大限度激励农民种粮积极性。1979年起，夏粮上市后，将统购价格提高20%，同时超购加价从30%提高至50%（夏仲明，2008）。这一政策在一段时间内对农民生产积极性起到激励作用，提高了中国粮食产量，一定程度上改善了农民收入。1979—1984年，中国粮食产量由3.2亿吨增长至4.1亿吨，城乡收入比由2.57∶1下降至1.71∶1。但与此同时，随着时间的推移和粮食市场供需结构的变化，该政策产生的负面效应逐渐显现。由于农民种粮积极性较高，粮食产量大幅增加，市场粮食供大于需，导致1983年和1984年连续两年时间出现农民"卖粮难"的现象，粮食产量激增，同时也带来仓储困难、购销价格倒挂等问题，导致财政负担日益加重。

1985年1月中共中央、国务院发布1号文件《关于进一步活跃农村经济的十项政策》，文件规定从1985年4月1日起，取消粮食统购，实行合同订购，并辅以市场收购，粮食统销措施不变。这一举措改变了运行近30年的统购统销体制。合同订购的品种有小麦、稻谷、玉米和主产区的大豆等，订购价格实行"倒三七"比例价，即30%按原统购价，70%按原超购价收购，其他品种粮食实行市场价，自由购销、自由定价，但是如果市场价格低于原统购价，国家仍按原统购价收购，自此合同收购与市场收购相结合的"双轨制"正式确立（冷淑莲，2003）。1985年底，中央提出了"稳一块、活一块"的粮食商品流通双轨制改革方针。1986年又进一步提出"死的一块要逐步缩小，活的一块要逐步扩大"，正式把"双轨制"作为这一时期中国粮食商品流通体制改革的基本模式。为进一步调动农民生产粮食的积极性，国家在1987年和1988年分别小幅度提高了部分粮食的价格，其中1988年全国小麦、稻谷、玉米和大豆四种主要粮食订购价比1984年的平均收购价格提高了49.2%。1989年又一次大幅度提高了粮食的合同订购价格，和上年相比，平均提高16%（姚今观和纪良纲，

1995）。1990年，改合同订购为国家定购，强调交售国家定购粮食是农民应尽的义务。这样中国的粮食政策开始由上一时期的统购统销演变为定购统销和议购议销"双轨"运行的政策，粮食价格形成了定购价格和议购价格的"双轨"机制。

"价格双轨制"政策初步具备了粮食价格支持政策的内涵，本质是粮食价格支持政策由计划经济向市场经济转变的过渡，目的是发挥市场调控的作用，减弱政府干预，强化市场进行资源调控的职能。自双轨制度实施后，粮食市场流通方式逐步多元化，改善了粮食生产经营方式，粮食产业链条各单位均可以与农户签订粮食收购合同，农民也可以直接与市场部门签订出售合同。

在实施双轨制政策的过程中，也浮现出较多问题。一是政策急于求成，农民曲解政策传递出的信息，导致粮食减产。政策实施初期，国家推行粮食市场化改革，不断减少粮食收购量，本意旨在增加粮食市场化收购量，但农民误以为国家不再鼓励粮食生产，导致中国粮食生产面积下降，粮食产量连续五年止步不前。二是"双轨制"政策实施背景仍然是计划经济体制，1985年粮食减产后，政府将签订定购合同、收购市场粮食作为强制性任务进行，粮食价格不再受市场供求结构调控，价格信号已无法准确反映粮食市场供需情况，因此粮食支持政策无法根据市场变化进行调整。最后，由于定购价格连续几年无法根据市场价格进行调整，导致粮食购销价格倒挂，国有粮食经营企业费用支出日益增加。

（四）"保护价收购"政策

随着中国经济发展和粮食市场供求结构的改变，政府意识到，以小农户为主体的农业经营方式不能完全放开市场，这一部分市场仍需要政府干预。因此，在1990年出现"卖粮难"现象时，政府强制要求各地粮食收购价不得低于国家保护价。1993年，政府更是要求地方应尽快制定粮食收购保护价制度，但由于时机和条件限制，保护价制度发挥的作用有限。1994—1996年，由于市场粮价持续高于国家定购价，农民向国家交售粮食的意愿并不强烈，为此，政府三年内两次提高粮食收购价格，增幅分别达到45%和40%，并逐步建立粮食专项储备制度、风险基金制度、米袋子省长负责制、粮食收购资金封闭式管理等长效机制。价格的提高虽然在短期内提高了农民的种粮和售粮意愿，但也造成国内价格高于国际价格，丧失了市场竞争力。同时，购销价格倒挂和"逆向操作"行为使国有粮食部门亏损惨重（兴庆，1998）。1997年国家要求各部门要按照保护价敞开收购粮食，主要内容为由政府事先制定保护价，当市场价高于保护价时，国有粮食收储企业按照市场价收购；当市场价低于保护价时，则按照保护价收购。该政策与统购制度的不同在于，首先，保护价是按照高于丰年的市场均衡价格制定，而统购价则是低于市场均衡价格；其次，"保护价收购"是以垄断收购的方式进行，只允许国有粮食收储企业在本县内收购，以达到控制粮源、顺价销售、减少亏损的目的。保护价收购政策是在取消粮食定购任务之后出台，以提高农民种粮意愿和减轻财政负担的双目标农产品价格支持政策。政策的实施对种植结构调整产生了一定的负面影响，在政策的引导下，农民的种植决策集中于受保护价保护的品种上，粮食种类相对单一，与多元化的市场需求相矛盾。从经济学的角度来看，政府的干预在一定程度上扭曲了市场价格机制，阻碍了价格信号的有效传递，不能及时反映粮食市场供需关系，当保护价高于市场价时，粮食产量会增加，有效需求降低，由于价格无法及时调节，导致粮食结构性过剩，"不拒收、不限收和敞开收购"进一步刺激了粮食过剩现象，政府为垄断粮源便需要为过剩的粮食承担仓储成本，"高买低卖"的现象时常发生，顺价销售难以实现。因此，在实施过程中，该政策不仅没有达到减轻财政负担的目标，还造成粮食经营企业大面积亏损，亏损率接近60%。

（五）"最低收购价格"政策

随着"保护价收购"政策的实施，财政负担过重与种植结构供求脱节等问题逐渐凸显，政府围绕提高粮食企业经营效益和提升企业政策执行效率两个方面启动了一系列的改革。与此同时，为鼓励农民合理调整种植结构并提升粮食质量，从1999年起，国家开始减少保护价收购的粮食数量，缩小保护粮品种范围和政策实施地域，降低保护价格，优化粮食品种结构。曾一度使得保护价低于粮食生产成本，严重挫伤了农民的积极性，甚至某些地区出现抛荒的现象，直接导致其后的4年粮食产量连续下滑和城乡收入差距不断拉大。

2001年7月31日，国务院下发《关于进一步深化粮食流通体制改革的意见》，明确提出"放开销区、保护产区、省长负责、加强调控"的改革方针，加快了粮食市场化改革的步伐。当年在浙江率先放开粮食收购价格和市场的基础上，北京、上海、天津、江苏、广东、福建、海南等销区省市相继放开收购市场。2002年，青海、广西、重庆、云南等产销平衡区也放开了粮食收购价格。2003年又有贵州、安徽、内蒙、新疆等省区放开了粮食市场和价格。到2003年6月，全国已有16个省（自治区、直辖市）放开粮食价格和购销市场。从2004年开始，国家全面放开粮食收购和销售市场，实行粮食购销市场化。随着粮食购销市场和价格的全面放开，中国进入了以市场为基础的市场价格阶段。在市场价格阶段，国家为了保护农民利益，对小麦、稻谷等品种在部分省市实行了最低收购价政策，政府在播种前会公布作物的最低收购价格和执行预案，在短缺粮食品种收获后的2~3个月内，当市场价格高于粮食最低收购价格时，各市场主体可自由购销；当市场价格低于粮食最低收购价格时，由中储粮总公司及其相关分公司或是受总公司委托的企业，代表政府在粮食主产区按照"最低收购价格"政策执行预案。在经历收购价格连续三年停滞之后，随着2007年以后国际粮价和生产成本的螺旋上涨，以及直接补贴效应递减，国家开始连年提高最低收购价格。2018年小麦的最低收购价格已达到2.30元/千克，虽较2017年有所下降，但却比政策实施初期提高了近一倍。"最低收购价格"政策实施后，粮食种植面积和产量连续下滑的局面立刻被扭转（曹慧，2017）。"最低收购价格"政策的实施不仅稳定了粮食市场，而且促进了农民增收，农民人均纯收入由2004年的0.34万元增长到2018年的1.46万元，年均增加率超过8%。

二、中国小麦政策支持强度变化情况

最低收购价旨在稳定粮食价格，调动种粮农民积极性，保护农民利益，促进农民增收。最低收购价自2004年实施以来，以托市价为主，即为使粮食价格保持较高的水平，制定的最低收购价高于市场价，托市价抬高了粮食的价格，导致市场价格不能真实反映供求关系；后来粮食最低收购价格由托市转向托底，即粮食价格主要交由市场定价，反映市场供求关系，最低收购价对准粮食生产成本价进行定价，当市场价格低于粮食生产成本价时，触发粮食最低收购价政策，国家指定的企业将按照最低收购价收购粮食，以保障种粮农民收益。

2004年中国首次提出"最低收购价"政策，并逐年提高。其中2011年托市预案未启动，2012年小麦最低收购价格再次提高，小麦支持强度也由2011年的42.56元/吨大幅升至106.01元/吨。

随着中国一系列农业政策的实施，问题逐渐显现，如国内外价格倒挂、高库存、弱化市场机制的作用、财政负担过重等。因此，2014年中国进行了农业政策的改革，小麦支持强度涨至最高点173.77元/吨（图3-2）。但在市场化改革为主的新常态下，价格支持政策对于提高农民种植积极性的调控空间将会缩小。

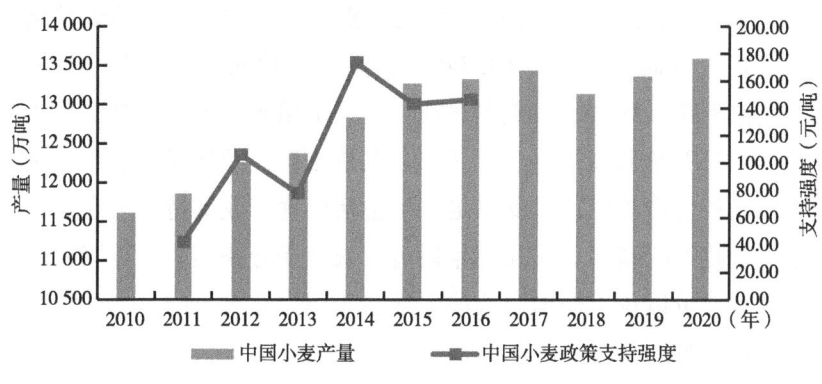

图3-2　中国小麦政策支持强度

（资料来源：政策支持金额数据来自WTO文件；中国小麦产量数据来自USDA）

第二节　美国小麦政策支持强度

一、美国小麦支持政策演变史

尽管美国自建国以后就开始实施农业支持政策，但粮食规模化生产以及对粮食产业的系统性支持政策框架，主要是在第一次世界大战后特别是罗斯福新政以后才逐步确立的。美国实施过的粮食产业支持政策主要包括总量控制、价格支持、收入保障、农业风险与灾害补贴、自然资源与环境补贴等政策。从政策的变迁来看，大致经历了从限产量稳高价的支持（第一次世界大战至20世纪40年代中期）向减少价格支持、适应市场变化（20世纪40年代末期至90年代中期）再向补贴脱钩、构筑市场化条件下粮农收入保障"安全网"（20世纪90年代后期至今）的转变（杨振和韩磊，2020）。

（一）总量控制时期

为了保障战时国际国内的粮食需求，稳定粮食供应能力，美国在第一次世界大战期间就对小麦实行了最低保护价政策。价格支持自此也成为美国粮食支持政策的一个重要内容。为解决农业生产的资金制约，美国于1916年、1923年和1933年通过了3个与农业生产信贷支持相关的法律，为农场规模化经营提供了资金支撑。然而，1929—1933年经济大萧条期间，美国农产品供需失衡导致价格大幅下跌。1933年后美国逐渐意识到干预农业发展的必要性（王勇，2014），罗斯福新政颁布了第一个《农业调整法》，开始对农业生产进行自愿性的生产控制和价格支持，由此奠定了对包括粮食产业支持政策在内的美国农业系统性支持政策的基础。到2018年通过《农业提升法案》，美国先后实施了18个农业法案。可以说，美国农业法案处在美国农业政策的中心地位，构建了美国农业支持政策的基本框架、运作机制和核心内容（李登旺，2015）。该法案经过不断地调整和修改，涉及粮食产业补贴的政策目标和支持措施出现了巨大的方向性转变。不过，直至第二次世界大战之前，美国的粮食生产政策主要还是以产量抑制和价格支持为特征。

（二）价格支持时期

由于第二次世界大战期间美国农产品库存下降带来价格快速上涨，对粮食生产的约束性政策有过放松。第二次世界大战之后美国粮食再度出现过剩，虽然政府仍然致力于粮食供求平衡，但政策取向上开始更多地减少生产端的价格支持，转向扩大消费端刺激。从生产端来看，1948年的《农业法》降低了价格支持水平，主要由市场供需决定粮价，1950年开始土地休耕计划，1956年通过土壤银行计划补贴停耕的农场主。从消费端来看，美国利用战后马歇尔计划扩大欧洲对美国的农产品消费，1954年开始实施的《农业贸易发展和援助法》鼓励粮食出口，20世纪60年代又开始实施食品券分配计划。美国对粮农的价格支持方式在20世纪70年代出现了重要调整。1973年的《农业与消费者保护法案》改直接补贴为差额补贴，开始实施"目标价格—价差补贴系统"（冯继康，2007）。以目标价格为基础的策略更契合市场波动，有助于稳定粮价。但到20世纪70年代末，由于粮食过剩且出口萎缩，生产成本居高不下，粮食直接价格补贴的大幅增加成为政府财政沉重的负担。是否要放弃对农业的补贴，一度成为国会激烈争论的话题，到20世纪80年代中期才逐步形成共识：政府继续支持农业但要逐步放松干预。一直到1996年以前，美国粮食产业支持政策主要是差额性质的补贴。除价格差额以外，贷款差额补贴也是常用的政策，即农业部提前确定大宗谷物的目标价格，当商业贷款利率高于目标价格或者收获后全国市场均价低于目标价格，差额将支付给农民。

（三）收入保障时期

自1996年美国通过更自由和更市场化的农业法以后，差额补贴等基于价格补贴的支持制度逐渐退出，政府开始实行对粮食市场运行干扰相对更少的直接支付项目，重点转向支持农民收入。该政策与粮食生产、价格脱钩，补贴额度基于基期产量和面积，农民种植自主性增强的同时道德风险扩大，进而导致财政支付压力增大，农场撂荒现象增加。该政策最终于2014年退出历史舞台。2002年以后反周期支付项目开始实施，即如果市场价格加上直接支付低于目标价格，政府则启动反周期支付，补贴额度为两者的差额，反之则不启动反周期补贴。2008年美国启动平均作物收益选择项目，即农民从计划内项目农作物获得总产值低于过去几年单产和价格乘积的平均数时就可以获得该补贴。2014年之后，美国放弃对粮食生产和粮食产品市场的直接干预，强化农业保险的作用，在取消直接支付项目、反周期支付项目、平均作物收益选择项目的同时，建立了价格损失覆盖计划、农业风险覆盖计划和补充保障选择计划。2018年美国新农业法案对收入补贴进行改革，如在补贴项目的选择上赋予农场主更多自由权利、调高农产品营销援助贷款率、继续强化农业风险保障等（彭超，2019）。在当前的农业法案中，收入补贴与农业保险共同构成了保障美国粮食生产者收入的"安全网"。收入补贴项目主要针对粮食生产经营的市场风险，农业风险保障项目主要针对粮食生产经营的自然风险（杜艳艳，2014）。为了应对生态环境恶化和自然资源枯竭的风险，美国还设立了专门的农业补贴项目，近年来仍在不断完善。美国自然资源与环境补贴政策中，土地休耕保育项目是最大的资源保护项；环境质量激励项目和资源保护管理项目主要用于帮助生产者在耕种中的土地上实施资源保护措施；农业资源保护地役权项目主要是防止高产农田或者草原转为非农用途。2018年美国新农业法案增加了5.55亿美元的资源保护项目预算，同时增加了休耕保育面积、完善了环境质量激励项目、强调了农业资源保护地役权项目的农业用途等（彭超，2019）。

二、美国小麦政策支持强度变化情况

美国粮食支持政策会根据国内外市场环境适时调整和转型，表现出更加注重粮食产业国际竞争力的提升、更加突出支持政策的市场化导向、更加注重粮食产业的可持续发展等特征。

2002年以后开始实施反周期支付项目，2002—2006年美国小麦政策支持强度稳定在较低水平，其中2002年为4.25元/吨，较2001年下降25.81元/吨，较2000年下降111.40元/吨。2008年美国启动平均作物收益选择项目，美国小麦政策支持强度大幅上涨至95.39元/吨，2009年升至172.75元/吨，超过2000年的支持强度。

2014年之后，美国放弃对粮食生产和粮食产品市场的直接干预，强化农业保险的作用，建立了价格损失覆盖计划、农业风险覆盖计划和补充保障选择计划。2014年之后，美国小麦政策支持强度稳定在86.04～102.81元/吨（图3-3）。

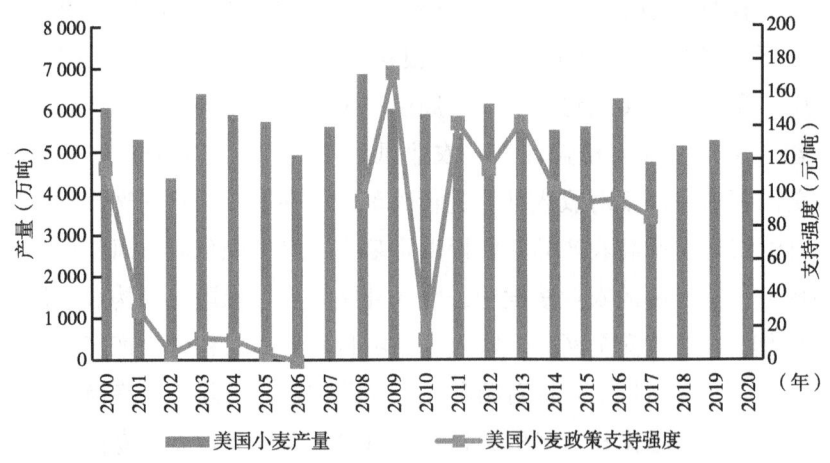

图3-3　2000—2020年美国小麦产量和小麦政策支持强度

（资料来源：政策支持金额数据来自WTO文件；美国小麦产量数据来自USDA）

第三节 加拿大小麦政策支持强度

一、加拿大小麦政策支持演变史

加拿大成为世界农业大国和重要的农产品出口国，与其农业支持政策密切相关。加拿大农业支持政策的改革进程，大致可分为价格支持阶段、收入补贴阶段、市场导向阶段（谢兰兰和陈东升，2018）。

（一）价格支持阶段

20世纪30年代中至80年代末，加拿大逐步构建以价格支持措施为主的农业政策框架。即政府通过立法，对多种农产品提供价格保障，通过政府购进或补贴等方式确保农场主获得一定水平的出售价格，为其提供收入稳定保障。

（二）收入补贴阶段

20世纪90年代初至21世纪初，加拿大农产品价格支持政策向直接收入补贴措施过渡转型。20世纪80年代末90年代初，加拿大的农业支持保护水平达到顶峰，农业总产值的近1/3源自政府的农业政策，联邦政府财政负担加重，预算赤字日益突出（Skogstad，2008）。与此同时，北美自由贸易区协定签订和WTO乌拉圭回合农业谈判，要求限制使用扭曲贸易和市场的农业支持政策。在国内国际双重压力下，加拿大实施市场化导向的农业政策改革，减少政府干预，使用经济合作与发展组织（OECD）倡导的与农业生产与经营不挂钩的直接补贴（即脱钩补贴），支持和稳定农场收入。为此，1991年颁布的《农场收入保护法》取消了对谷物、油籽的价格支持，按照WTO农业规则重新设计支持政策，将支持政策的重心放在稳定农场收入、降低对生产决策的影响上，除乳制品、禽肉和蛋类维持供应管理以外，对其他农产品以市场导向的农民收入安全网（包括作物保险计划、总收入保险计划、净收入稳定账户等）替代具体的商品支持项目，并对不同地区所有生产者给予公平的对待和支持。由于政策改革调整，加拿大政府对农业和食品部门的支持大幅下降，显著低于同期欧盟和OECD的平均水平。

（三）市场导向阶段

21世纪初至今，加拿大逐步构建市场导向的农业政策体系。这一阶段加拿大将农业政策目标集中在：提高农业部门的竞争力和创新能力；增强农业部门的风险管理能力；促进农业部门能够适应社会发展的需要，特别是满足消费者对健康和环境的要求；确保食品安全有效供给；增强农业部门可持续发展能力。为此，2003年加拿大开始实施"农业政策框架"（Agricultural Policy Framework，APF），这是由联邦政府—省政府—地方政府联合构建一体化农业政策的尝试，由此形成农业风险管理、食品安全、创新、环境保护等综合协调的支持政策体系。APF实施期限为5年，2008年实施期满后，针对农业发展可能面临的机遇和挑战，加拿大制定了"未来增长的政策框架"（Growing Forward Policy Framework，GF），试图通过协调联邦、省和地方政府的农业支持政策，共同致力于增强农业部门的长期竞争力和可持续发展能力。

GF覆盖农业监督管理、商业风险管理、可持续农业、食品安全、贸易与市场、农业创新增长等诸多内容，主要包括农业稳定、农业投资、农业保险、农业恢复、特设项目等具体支持政策，同时强调应当根据地方实际灵活实施相关政策，以更好地为农业部门提供公共服务。GF实施期为5年（2009—2013年），基本达到了预期效果，加拿大农业部门竞争力、创新能力和风险管理能力显著增强。

2013年3月31日GF实施期满后，一个为期5年的新农业政策框架"未来增长的政策框架Ⅱ"（Growing Forward 2 Policy Framework，GF2）自2013年4月1日开始实施。GF2强调实施更加积极主动的、前瞻性的和战略性的支持项目，以提升农业部门创新、竞争力和适应性。GF2继续沿用了GF政策框架中的农业稳定、农业投资、农业保险、农业恢复等项目，但在项目覆盖范围、支持力度、农户对市场信号反应、便利性等方面进行了调整和完善，并增加了农业创新、农业营销与推广、农业竞争力3项非农业风险管理的支持项目。

加拿大国内消费和出口的小麦由加拿大小麦局统一收购和经营，建立了小麦垄断经营的市场流通体制。1999年改革之后，加拿大小麦局名义上是帮助生产者销售粮食的非营利机构，但政府色彩浓厚，小麦局董事会主席从政府任命的董事中产生，并负责向政府汇报工作。加拿大小麦局根据国内外市场和生产成本的变动情况，与农业部和财政部共同确定小麦预计收购价格收购时，加拿大小麦局首先按预计价格的70%向农场主支付粮款,在小麦销售后,扣除自身相关费用,盈余全部返还生产者,若销售价格过低,小麦局出现亏损,则由政府补贴。加拿大小麦局具有一套完善的市场营销体系,与小麦生产者联系紧密,形成高度集中又灵活的垄断经营模式,并且可以得到政府支持,从而提高加拿大小麦出口竞争力,保证生产者获得更多收入。但是垄断经营限制了生产者的自由出售,因此受到加拿大港口附近农场主的反对,但经全体农场主表决后,仍保留了这种流通体制。

二、加拿大小麦政策支持强度变化情况

加拿大注重补贴资金的有效使用率,从而减轻政府财政负担。自2003年以来,加拿大开始制定5年期的多重目标导向下的一揽子农业支持政策框架体系,小麦政策支持强度大幅下降,2003年加拿大小麦政策支持强度大幅降至9.37元/吨,较2002年62.28元/吨的支持强度下降至52.91元/吨,2008年降至最低点0.83元/吨。

2009年为应对全球金融危机,保障农场主种植收益,加拿大对于农产品的政策支持强度适当增加,但仍维持在较低水平,2009年加拿大小麦国内支持强度微涨至1.72元/吨,较2008年增加0.90元/吨;2011—2015年,维持在0.12~0.97元/吨的低水平支持强度;2016年微涨至3.35元/吨(图3-4)。

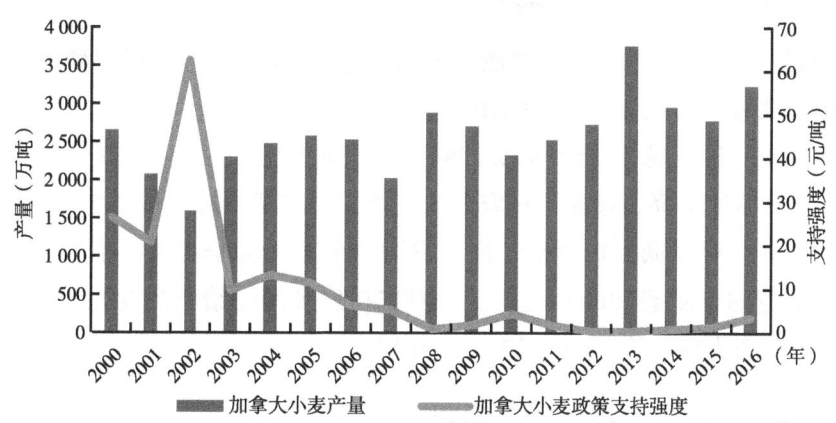

图3-4 2000—2016年加拿大小麦产量和小麦政策支持强度

(资料来源:政策支持金额数据来自WTO文件;加拿大小麦产量数据来自USDA)

第四节 欧盟小麦政策支持强度

一、欧盟小麦政策支持演变史

从欧盟粮食政策的演变来看,欧盟粮食政策主要经历了"价格支持"阶段、"价格支持与收入支持"双轨制阶段、"收入支持为主"阶段、"补贴支持"阶段。

(一)"价格支持"阶段

1992年前,欧盟粮食政策以价格支持政策为主。欧盟在20世纪70年代主要农产品几乎都是净进口,因此,欧盟农业和粮食补贴政策的主要目标是刺激农民生产粮食和其他主要农产品的积极性,增加生产总量。到20世纪90年代中期,欧盟的粮食和主要农牧产品实现自给,并相继过剩,财政补贴的负担开始加重。为减轻对粮食等农牧产品补贴的重负,欧盟补贴政策的重点目标转向促进和支持扩大粮食等农牧产品出口领域(亢霞,2014)。

(二)"价格支持与收入支持"双轨制阶段

1992—2002年,欧盟粮食政策实施价格支持与收入支持双轨制政策。1992年,欧盟共同农业政策(CAP)进行了"MacSharry改革",这一改革在1992年达成一致意见,并于1995/1996年度全面实施。改革的实施使得价格支持的规模大幅度下降,增加了对农户的直接支付力度,鼓励农民增加环境友好发展的投入,对降低保护价格、恢复欧盟产品市场竞争力发挥了重要作用。1999年通过的《欧盟2000年议程》,对农村发展问题给予高度的关注,并将环保纳入农业支持政策范畴(亢霞,2014)。

(三)"收入支持为主"阶段

2003—2007年,欧盟粮食政策进入收入支持为主、价格支持为辅阶段。2003年,CAP削减与生产直接相关的补贴,向对农民的收入支持转变。改革引入了与谷物生产面积补贴脱钩的方式，新的单一农场补助与其承担的环保、公共健康和动物福利条件和良好农业规范的义务相结合。根据农民的土地管理、环境保护、动物福利和食品安全标准情况，给予农户收入不同标准的支持补助。2004年5月，欧盟扩大为25国，新成员的农业补贴实施压力成为欧盟统一农业政策面临的挑战。在内外压力之下，欧盟调整价格补贴政策，在价格支持政策发挥作用的同时，建立了对生产者直接补贴的制度。主要内容包括：一是大幅度降低干预价格水平，将粮食价格用3年时间降低29%，接近国际市场水平。二是控制生产规模，实施耕地面积削减计划，冻结15%的粮食种植面积，对冻结的土地实行休耕补贴，补贴标准与面积补贴基本相同。三是收入支持，对冻结15%耕地面积的农业生产者，以不同地区平均单位面积产量为基础，根据种植面积给予补贴。四是强调可持续发展，例如以补贴鼓励保护环境，对35~45岁的青年到山区和条件差的地区从事农业开发项目给予补贴等（陈红敏，2012）。

（四）"补贴支持"阶段

2007年以后，欧盟粮食政策加大了脱钩的收入补贴与生态环境补贴比重。由MacSharry改革出台的强制"休耕"政策自2008/2009年废除，2011年提出了新的CAP改革方案，目的是寻求增强农业部门竞争力、促进创新、应对气候变化和对就业和农村地区发展的支持。2014—2020年，将启动新的支持条款，主要是鼓励农民当地生产、当地销售以及增加闲耕面积的支持等措施。如新支持条款对于欧盟每年给予德国45亿欧元的农业补贴，逐步取消传统经营性补贴，转向生态保护补贴。从2014年起，还将取消每公顷300欧元的补贴条款，改为所有农民必须种植7%~8%的有机农作物才给予补贴。此外，欧盟对于农场主投资农业的基础设施建筑费用，农民自己承担75%，政府补贴25%（徐毅，2012）。

二、欧盟小麦政策支持强度变化情况

2000年之后，欧盟为了与国际市场接轨，进行了一系列共同农业政策改革，增加了直接补贴，减少了价格支持，一方面可减轻政府财政负担，保障政策实施的可持续性,另一方面降低财政支出的不确定性。且2000年之后市场对粮食价格影响较大,欧盟农业政策改革较为顺利。

2000—2017年欧盟小麦政策支持强度整体呈小幅下降趋势,但保持较高水平。2000年欧盟小麦政策支持强度最高,为167.85元/吨,2001年大幅下降至97.71元/吨,2006—2017年稳定在100~130元/吨,其中2017年支持强度为112.25元/吨,较2006年下降18.6元/吨,降幅14.2%(图3-5)。

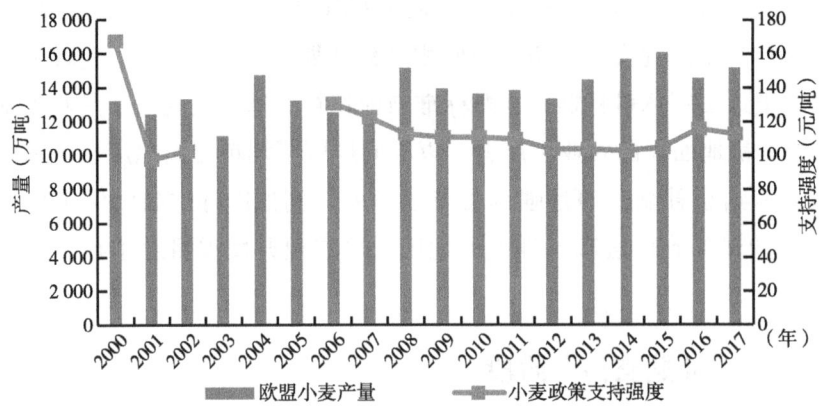

图3-5 2000—2017年欧盟小麦产量和小麦政策支持强度

(资料来源:政策支持金额数据来自WTO文件;欧盟小麦产量数据来自USDA)

综上,通过比较中国与欧盟、美国、加拿大的小麦国内政策支持强度,中国小麦政策支持水平相对较高,其中价格支持政策影响较大,但面临市场化改革为主的新常态,中国现有小麦支持政策难以适应当前形势、未实现可持续发展、难以和其他小麦主产国支持政策竞争,因此中国将持续实施农业政策改革,要坚持市场化改革取向与保护农民利益并重,按照市场定价、价补分离、主体多元原则,分品种施策、渐进式推进。

第四章 中国和主要进口国的小麦分类分级标准与品质分析

2021年国家发展和改革委员会发布中国小麦进口关税配额总量为963.6万吨,呈波动上升趋势。中国小麦进口量常年维持在300万~400万吨,2019年开始快速增长,2021年达到977万吨。加拿大、美国、澳大利亚、法国、哈萨克斯坦等是中国小麦进口的主要来源国,2018年和2019年,进口加拿大小麦占比最大,分别为中国进口小麦总量的44.6%和47.7%。随着中法签订合作协议,中国对法国小麦的需求量不断提升,2020年法国成为中国小麦主要进口来源国。2021年我国减少了法国小麦的进口,增加了澳大利亚、美国和加拿大小麦的进口,全年累计进口小麦976.9万吨,主要来自澳大利亚(占进口总量的28.0%)、美国(占比27.9%)、加拿大(占比26.0%)。

中国小麦进口增长,主要是由于国内面制品市场消费升级,通过进口优质强筋或弱筋小麦,实现产品品质提升。进口小麦具有质量优、品质稳定等特点,深受面粉及面制品加工企业青睐,大多数被面粉生产企业用于配麦、配粉生产食品专用粉。

综合判断,小麦进口增长是个长期的趋势,随着市场消费升级、产业结构调整、国际贸易加强、进口来源多元化,越来越多的加工企业会尝试使用和进口优质小麦,提升产品质量、丰富产品结构、提高经营利润。本章通过对国内和主要进口来源国的小麦分类、品质特性和标准体系进行系统的梳理和分析,明确各国小麦的品质特性和应用方向,以期为优化小麦进口贸易结构、合理应用进口小麦、调整国内小麦生产结构与布局提供参考。

第一节　中国小麦分类分级标准与品质竞争力分析

小麦籽粒品质是分类分级和定价的重要参考依据，决定了面制品的质量。近年来，随着人民生活水平的不断提高，对面制品质量、产品多元化都提出了更高的要求，导致国内面粉及食品加工企业对优质、稳定的强筋或弱筋小麦及面粉的需求越来越强烈。本节旨在系统梳理中国现行有效的小麦粉分类分级标准，综述中国小麦品种品质现状，分析其在品质及食品加工方面的国际竞争力，以期为提升中国小麦的品质和应用价值提供参考。

一、中国小麦分类分级标准

中国目前现行有效的小麦分类分级标准主要包括国家强制标准1项，《小麦》（GB 1351—2008）（表4-1）；国家推荐性标准3项，《优质小麦　强筋小麦》（GB/T 17892—1999）、《优质小麦　弱筋小麦》（GB/T 17893—1999）、《小麦品种品质分类》（GB/T 17320—2013）（表4-1）；农业/粮食行业标准5项，《农作物品种审定规范　小麦》（NY/T 967—2006）、《黄淮海地区强筋白硬冬小麦》（NY/T 1218—2006）、《东北地区硬红春小麦》（NY/T 2121—2012）、《绿色食品　小麦及小麦粉》（NY/T 421—2021）、《中国好粮油　小麦》（LS/T 109—2017）（表4-2）；强筋小麦期货交割标准1项，《期货用优质强筋小麦交割标准》（Q/ZSJ 001—2003）（表4-2）；地方标准2项，《强筋、中筋、弱筋小麦》（DB11/T 169—2002）（北京市）、《优质强筋专用小麦》（DB21/T 1283—2004）（辽宁省）；团体标准10余项，包括《燕赵好粮油　小麦》（T/HEBLX 0001—2021）、《燕赵好粮油　小麦粉》（T/HEBLX 0002—2021）、《黑龙江好粮油　小麦》（T/HLHX 010—2019）、《黑龙江好粮油　强筋小麦粉》（T/HLHX 021—2020）、《宁夏好粮油　小麦》（T/NXFSA 009S—2021）、《陕西好粮油　关中小麦》（T/SAGS 008—2021）、《陕西好粮油　关中小麦粉》（T/SAGS 009—2021）、《新疆好粮油　优质中筋小麦》（T/XJLSXH 1105—2021）、

表4-1 中国现行小麦分级分类国家标准现状

序号	标准名称	标准编号	适用范围	分级分类指标要求
1	小麦	GB 1351—2008	适用于收购、储存、运输、加工和销售的商品小麦	依据硬度和色泽分为5类：硬质白小麦、软质白小麦、硬质红小麦、软质红小麦、混合小麦 依据容重分为6等：1等（≥790g/L）、2等（≥770g/L）、3等（≥750g/L）、4等（≥730g/L）、5等（≥710g/L）、等外（<710g/L）
2	优质小麦 强筋小麦	GB/T 17892—1999	适用于收购、贮存、运输、加工、销售的强筋商品小麦	籽粒 小麦粉 项目｜一等｜二等 容重（g/L）｜≥770 粗蛋白质（%，干基）｜≥15.0｜≥14.0 湿面筋（%，14%水分基）｜≥35.0｜≥32.0 面团稳定时间（min）｜≥10.0｜≥7.0
3	优质小麦 弱筋小麦	GB/T 17893—1999	适用于收购、贮存、运输、加工、销售的弱筋商品小麦	籽粒 小麦粉 项目｜指标 容重（g/L）｜≥750 粗蛋白质（%，干基）｜≤11.5 湿面筋（%，14%水分基）｜≤22.0 面团稳定时间（min）｜≤2.5

（续表）

序号	标准名称	标准编号	适用范围	分级分类指标要求					
				项目		指标			
						强筋	中强筋	中筋	弱筋
4	小麦品种品质分类	GB/T 17320—2013	适用于小麦品种的选育、品种（品系）的品质鉴定、品种审定和推广，也适用于加工专用小麦品种的收购、销售和加工	籽粒	硬度指数	≥60	≥60	≥50	<50
					粗蛋白质（干基，%）	≥14.0	≥13.0	≥12.5	<12.5
				小麦粉	湿面筋（14%水分基，%）	≥30	≥28	≥26	<26
					沉淀值（Zeleny法，mL）	≥40	≥35	≥30	<30
					吸水量（mL/100g）	≥60	≥58	≥56	<56
					稳定时间（min）	≥8.0	≥6.0	≥3.0	<3.0
					最大拉伸阻力（EU）	≥350	≥300	≥200	—
					能量（cm²）	≥90	≥65	≥50	—

注：表中仅列出了用于区分不同等级或类型小麦的指标及其范围，下同。

表4-2 小麦及小麦粉分级分类行业标准

序号	标准名称	标准编号	适用范围	分级分类指标要求			
1	农作物品种审定规范 小麦	NY/T 967—2006	适用于国家级小麦品种审定，省级小麦品种审定可参考执行	项目	强筋小麦	中筋小麦	弱筋小麦
				容重（g/L）	≥770	770	≥750
				蛋白质含量（干基，%）	≥14.0	13.0	≤12.5
				湿面筋含量（%）	≥30.0	28.0	≤24.0
				吸水率（%）	≥60	56	≤56
				稳定时间（min）	≥7.0	3.0	≤2.5
				最大抗延阻力（EU）	≥350	250	—
				拉伸面积（cm²）	≥80	40	—

注：表中指标要求均最低指标，—表示未做要求。

序号	标准名称	标准编号	适用范围		项目	一等	二等
2	黄淮海地区强筋白硬冬小麦	NY/T 1218—2006	适用于黄淮海地区种植的强筋白硬冬小麦的生产、加工、购销、检验和评价	籽粒	容重（g/L）	≥770	≥750
				面粉	粗蛋白质（%，干基）	≥14.5	≥13.5
					湿面筋（%，14%水分基）	≥33.0	≥30.0
					吸水率（%）	≥60.0	≥58.0
				面团	稳定时间（min）	≥12.0	≥7.0
					拉伸面积（cm²，135min）	≥110	≥80
				面包	烘焙体积（cm³）	≥800	≥750
					烘焙评分	≥85	≥80

（续表）

序号	标准名称	标准编号	适用范围	分级分类指标要求				
				项目	强筋 一等	强筋 二等	中强筋	中筋
3	东北地区硬红春小麦	NY/T 2121—2012	适用于东北地区种植的硬质、红皮春小麦的生产、加工、购销、检验、分类及评价	降落数值（s）	≥300	≥250	≥250	≥250
				粗蛋白质（%，干基）	≥15.0	≥14.0	≥13.0	≥12.0
				湿面筋（%，14%水分基）	≥32.0	≥30.0	≥28.0	≥26.0
				稳定时间（min）	≥10.0	≥8.0	≥6.0	≥3.0
				最大拉伸阻力（EU）	≥450	≥350	≥300	—
				延伸性（mm）	≥180	≥170	≥160	—
				注：粗蛋白质和湿面筋其中一项达到指标即可。				
				项目	强筋小麦	中筋小麦	弱筋小麦	
4	绿色食品小麦及小麦粉	NY/T 421—2021	适用于绿色食品小麦、小麦粉和全麦粉	容重（g/L）	≥770	≥770	≥750	
				蛋白质（干基，%）	≥14.0	≥12.0	<12.0	
				稳定时间（min）	≥8.0	≥3.0	<3.0	

（续表）

序号	标准名称	标准编号	适用范围	分级分类指标要求								
				项目	类别	强筋硬麦		中筋小麦				低筋软麦
								面条小麦		硬式馒头小麦	软式馒头小麦	
					等级	一等	二等	一等	二等	一等	一等	一等	二等
5	中国好粮油 小麦	LS/T 109—2017	适用于中国好粮油 的国产食用单品种 商品小麦	定等指标	食品评分值[1] ≥	90	80	90	80	—	—	90	80
					硬度指数	≥65		— [2]		80	80	≤45	
					湿面筋含量（%）	≥30		≥25	≥26	24～28	≤35	≤25	
					面筋指数	≥85		—		≥60	—	—	
					容重（g/L）	≥790	≥750	≥770	≥750	≥770	≥750	≥750	≥730

注：1. 优质强筋硬麦和优质低筋软麦分别用面包和海绵蛋糕做食品评分。
2. "—"不做要求。

（续表）

序号	标准名称	标准编号	适用范围	分级分类指标要求				
				项目			指标	
						升水品	基准品	贴水品
6	期货用优质强筋小麦交割标准	Q/ZSJ 001—2003	郑州商品交易所交割用优质强筋小麦	籽粒	容重（g/L）≥		770	
					水分（%）≤		13.5	
					不完善粒（%）≤		12.0	
					杂质% 总量≤		1.5	
					矿物质≤		0.5	
				小麦粉	降落数值（s）		[300，500]	
					色泽、气味		正常	
					纯度 ≥		80%	
					湿面筋（%，14%水分基）≥	32.0	31.0	29.0
					拉伸面筋（cm², 135min）≥	140	110	90
					面团稳定时间（min）≥	16.0	12.0	8.0

表4-3 不同面制品小麦粉行业标准

序号	标准名称	标准编号	适用范围	分级分类指标要求		
				项目	精制级	普通级
1	面包用小麦粉	LS/T 10136—1993	以小麦为原料制成的供制作主食面包和花色面包用的小麦粉	灰分（以干基计，%）	≤0.60	≤0.75
				湿面筋（%）	≥33	≥30
				粉质曲线稳定时间（min）	≥10	≥7
2	面条用小麦粉	LS/T 10137—1993	以小麦为原料制成的供制作面条和挂面用的小麦粉	灰分（以干基计，%）	≤0.55	≤0.70
				湿面筋（%）	≥28	≥26
				粉质曲线稳定时间（min）	≥4.0	≥3.0
3	饺子用小麦粉	LS/T 10138—1993	以小麦为原料制成的供制作水饺用的小麦粉	灰分（以干基计，%）	≤0.55	≤0.70
				湿面筋（%）	28～32	
				粉质曲线稳定时间（min）	≥3.5	
4	馒头用小麦粉	LS/T 10139—1993	以小麦为原料制成的供制作馒头及包子、花卷用的小麦粉	灰分（以干基计，%）	≤0.55	≤0.70
				湿面筋（%）	25.0～32.0	
				粉质曲线稳定时间（min）	≥3.0	

（续表）

序号	标准名称	标准编号	适用范围	分级分类指标要求		
				项目	精制级	普通级
5	发酵饼干用小麦粉	LS/T 10140—1993	以小麦为原料制成的供制作发酵饼干用的小麦粉	灰分（以干基计，%）	≤0.55	≤0.70
				湿面筋（%）	24.0～30.0	
				粉质曲线稳定时间（min）	≤3.5	
6	酥性饼干用小麦粉	LS/T 10141—1993	以小麦为原料制成的供制作酥性饼干用的小麦粉	灰分（以干基计，%）	≤0.55	0.70≤
				湿面筋（%）	22～26	
				粉质曲线稳定时间（min）	≤2.5	3.5≤
7	蛋糕用小麦粉	LS/T 10142—1993	以小麦为原料制成的供制作蛋糕用的小麦粉	灰分（以干基计，%）	≤0.53	≤0.65
				湿面筋（%）	≤22	≤24
				粉质曲线稳定时间（min）	≤1.5	≤2.0
8	糕点用小麦粉	LS/T 10143—1993	以小麦为原料制成的供制作糕点类糕点用的小麦粉	灰分（以干基计，%）	≤0.53	≤0.70
				湿面筋（%）	≤22	≤24
				粉质曲线稳定时间（min）	≤1.5	≤2.0

《辽宁好粮油　小麦粉》（T/LNSLX 011—2020）、《新疆好粮油　小麦粉》（T/XJLXH 1102—2020）、《山西好粮油　小麦》（T/SXAGS 0011—2020）、《山西好粮油　小麦粉》（T/SXAGS 0012—2020）等。此外，我国商业部在1993年还颁布实施了《面包用小麦粉》（LS/T 10136—1993）、《面条用小麦粉》（LS/T 10137—1993）等8类常见面制品专用小麦粉行业标准（表4-3）。

从表4-1和表4-2可以看出，我国目前现行的标准中关于小麦分类分级的等级数量、等级名称、品质指标、阈值范围等要求并不完全统一。其中GB 1351中分别根据硬度和色泽、容重将商品小麦划分为5类、6等（表4-1）。以不同标准中对强筋小麦指标要求为例，不同标准中对于强筋小麦要求满足的指标数量不完全一致，最少的需要评价3个指标，最多的需要评价8个指标。不同标准对于同一指标的要求范围也有一定的区别，如小麦品种审定标准（NY/T 967—2006）中对强筋小麦湿面筋含量要求为≥30%，优质强筋小麦标准（GB/T 17892—1999）中对二等强筋小麦的湿面筋含量要求为≥32%，而期货用优质强筋小麦交割标准（Q/ZSJ 001—2003）对优质强筋小麦基准品要求为≥31%。指标要求的不一致性会对标准的使用和推广造成一定的困扰，也不利于优质小麦的生产和加工利用。

二、中国小麦品质现状

小麦是中国主要的口粮作物之一，全国40%的居民以面制品为主食。2021年我国小麦消费量达到14 857万吨，比2020年增长5.6%，其中口粮消费9 172万吨，较上年增长0.7%《中国农业展望报告（2022—2031）》。随着中国经济发展，居民生活水平提高，肉蛋奶、蔬菜和水果等需求增加在一定程度上替代了主食消费，人均小麦口粮消费量总体呈稳中略有下降趋势。小麦口粮消费增量主要来自人口数量增长，随着中国人口增长速度呈放缓态势，人口增长带动口粮消费增长效应减弱。消费升级带动优质高筋、低筋等专用小麦粉需求增加，小麦粉消费关注重点由数量向品质转型。

小麦品质改良对面制品质量提升起着决定性作用，部分学者持续开展我国主产区小麦籽粒品质的调查研究。洪宇等（2022）对2020年8个主产省的

1 971个小麦样品品质测评结果显示,我国小麦的粗蛋白质含量、湿面筋含量整体水平较高,平均分别为14.3%和33.1%,而面筋质量稍差,面筋指数平均值为68;面团稳定时间平均值为7.1min,最大拉伸阻力与拉伸能量整体水平一般,平均值分别为355EU和70cm^2。小麦粉制作食品品质方面,面条整体品质较好,馒头和面包品质总体水平不高,蛋糕品质较差。符合《优质小麦 强筋小麦》(GB/T 17892—1999)标准的样品占比7.7%,符合《优质小麦 弱筋小麦》(GB/T 17893—1999)标准的样品占比0.007%,符合《小麦品种品质分类》(GB/T 17320—2013)标准中优质小麦要求的样品占比28.3%,其中符合强筋小麦的样品占比6.6%,符合《中国好粮油 小麦》(LS/T 3109—2017)标准的样品占比78.4%,其中符合强筋硬麦的占比6.8%。朱红彩等(2022)对2018—2020年通过河南省审定的178个小麦新品种分析表明,蛋白质含量[(14.38±0.95)%]、容重[(788.00±19.67)g/L]、湿面筋含量[(29.80±2.64)%]和吸水率[(58.10%±3.01)%]的平均值较高且变异系数较小,稳定时间[(4.60±3.35)min]、拉伸面积[(47.00±24.50)cm^2]和最大拉伸阻力[(219.00±122.32)EU]平均值较小且变异系数较大;按照《主要农作物(小麦)品种审定标准》判断,178个品种中达到强筋、中强筋、中筋、弱筋的品种数量依次是5个、7个、165个、1个,达到优质强筋和优质弱筋的数量极少;拉伸面积、最大拉伸阻力、稳定时间是制约强筋和中强筋品种育种的重要指标,蛋白质和湿面筋含量是弱筋品种育种的重要指标。

2017—2019年农业农村部发布的《中国小麦质量报告》分析结果显示,我国小麦籽粒容重平均为801g/L,粗蛋白质含量为14.2%,湿面筋含量为31.3%,面筋指数为73,面团稳定时间为7.8min(表4-4)。我国小麦以中筋、中强筋小麦为主,优质强筋小麦达标比例偏低,优质弱筋小麦比例更少(表4-5)。

表4-4 2017—2019年中国小麦质量现状

年度	2016/2017	2017/2018	2018/2019	平均值
容重(g/L)	804	787	812	801
粗蛋白质(%,干基)	14.0	14.6	13.9	14.2

（续表）

年度	2016/2017	2017/2018	2018/2019	平均值
湿面筋（%，14%湿基）	30.8	32.6	30.5	31.3
面筋指数（%）	71	73	74	73
面团稳定时间（min）	7.1	7.3	9.1	7.8
面包评分	81	80	85.5	82
面条评分	83	79	82.3	81

资料来源：《2017年中国小麦质量报告》《2018年中国小麦质量报告》《2019年中国小麦质量报告》。

表4-5　2017—2019年中国小麦质量达标情况

年度	达标情况	强筋小麦 GB/T 17982	Q/ZSJ 001	中强筋小麦 《中国小麦质量报告》标准*	中筋小麦	弱筋小麦 GB/T 17983
2016/2017	达标比例（%）	4	11	10	31	—
	达标样品数（个）	24	72	67	198	—
	达标品种数（个）	16	37	47	96	—
2017/2018	达标比例（%）	6.1	12.8	8.9	30.6	0.0
	达标样品数（个）	31	65	45	155	0
	达标品种数（个）	12	35	28	94	0
2018/2019	达标比例（%）	6.5	21.3	8.7	31.8	0.3
	达标样品数（个）	40	132	54	197	2
	达标品种数（个）	21	51	39	120	2

注：*中强筋小麦要求：容重≥770g/L，降落数值≥300s，粗蛋白质（干基）≥13%，湿面筋（14%水分基）≥28%，面团稳定时间≥6min，面条品质评分值≥80。中筋小麦要求：容重≥770g/L，降落数值≥300s，粗蛋白质（干基）≥12%，湿面筋（14%水分基）≥25%，面团稳定时间≥2.5～6min，馒头品质评分值≥80。

资料来源：《2017年中国小麦质量报告》《2018年中国小麦质量报告》《2019年中国小麦质量报告》。

国家小麦产业技术体系加工研究室于2008—2015年连续8年在河南（豫北、豫中）、河北（冀中）、山东（鲁西）、陕西（关中）等4省、15个地市、45个县（市、区）、135个乡（镇）抽取农民大田小麦样品，分析了黄淮冬麦区小麦籽粒质量现状及分布情况。结果表明，小麦籽粒容重平均值为（791±13）g/L，籽粒蛋白含量平均值为（14.0±0.3）%，籽粒湿面筋含量平均值为（31.9±2.6）%，面团稳定时间平均值为（5.6±2.1）min。黄淮冬麦区满足优质强筋小麦标准要求的比例为4.59%（表4-6）（魏益民等，2017；张影全等，2018）。魏益民等（2017）分析认为目前优质小麦生产主要存在：①品种多、杂的问题仍然突出，品种质量参差不齐，优质小麦种植面积较低；②大田小麦优质率较低，个别质量性状存在"短板"现象；③优质专用小麦生产规模化程度不高。

表4-6 2008—2014年黄淮冬麦区大田小麦质量现状

地区	豫北（新乡、鹤壁、安阳）	豫中（新乡、驻马店、商丘）	鲁西（济宁、泰安、聊城）	冀中（衡水、沧州、石家庄）	陕西关中（宝鸡、咸阳、渭南）	黄淮冬麦区
采样时间（年）	2008—2014	2008—2014	2008—2014	2008—2014	2008—2013	2008—2014
样品数（个）	567	567	567	567	497	2 765
品种数量（个）	99	93	29	60	51	—
容重（g/L）	806±20	785±19	800±17	792±24	773±24	791±13
蛋白质含量（%，干基）	13.9±1.4	14.5±1.3	13.9±1.0	13.9±0.8	14.0±0.8	14.0±0.3
湿面筋（%，14%湿基）	28.5±3.4	31.4±3.6	34.7±2.6	30.6±2.4	34.2±3.8	31.9±2.6
面团稳定时间（min）	7.9±9.6	7.7±7.0	4.9±3.5	4.4±5.1	3.2±2.7	5.6±2.1
强筋小麦（GB/T 17982）比例(%)	15/2.65	47/7.58	36/6.35	21/3.70	8/1.61	127/4.59
弱筋小麦（GB/T 17983）比例(%)	2/0.35	0/0	0/0	0/0	0/0	2/0.07

资料来源：魏益民等，2017。

综上所述，近年来随着现代育种、栽培、收储技术的不断进步，我国小麦品质状况在持续改善。目前我国小麦品质整体表现为容重高，蛋白质含量和湿面筋含量偏高，但面筋指数、面团稳定时间较低，优质强筋或优质弱筋等专用小麦比例偏低。

三、中国小麦品质竞争力分析

随着经济社会发展，我国居民对于高品质面制品的消费需求量逐渐增加。优质专用原料是保证和提升面制品质量的前提。由于国内小麦产业对加工品质关注不足，导致优质专用品种相对较少，仍需要进口国外优质强筋、弱筋小麦，调剂品种结构。2020年我国小麦进口量大幅增加，达到838万吨，同比增加140.3%，2021年小麦进口仍维持增长趋势，全年累计进口976.9万吨，同比增加16.6%。近年来进口增长的原因，一是面制食品工业品质化升级，进口小麦粉生产的挂面、生鲜面、冷冻面点等高端产品增多；二是高端连锁餐饮蓬勃发展，如和府捞面对外宣称其面条只用加拿大红麦的麦芯粉制作，喜家德水饺专用面粉中使用了较多的澳大利亚和加拿大小麦；三是烘焙消费市场快速扩容，烘焙用小麦粉（包括蛋糕低筋粉、面包高筋粉）消费量持续上升，近5年年均增速4.6%，2020年消费量达500万吨。

不同的食品需要不同品质的小麦，如加工面包需要选择高蛋白、高吸水率的硬质强筋小麦，加工面条需要面团延展性好的中强筋小麦，加工饼干需要软质弱筋小麦，而现阶段我国小麦主要以中筋为主，完全使用国产小麦很难加工出高质量的烘焙专用粉。与进口硬质小麦相比，国产小麦的主要缺点是面筋质量差、面团稳定时间短、延伸性差（魏益民等，2013）。另外，我国用于制作面条、馒头、包子、水饺等传统中式食品的中筋小麦，品质之间也存在较大差异，专用性也亟待提高。

提升小麦品质竞争力，需要完善小麦品质评价和分类分级标准，培育优质专用小麦品种，并实现产业化经营。长期以来，为解决众多人口的温饱问题，我国把小麦育种和生产的核心目标定位在产量，小麦品种的主要特征为高产稳产、抗病虫害和抗逆，而脱离了加工和消费的实际需求，导致了我国小麦品种的加工品质，尤其是食品品质，普遍较差。同时，我国大多数地区的小麦生产仍以家庭分散经营为主，组织化程度偏低，难以实现单一品种区域化种植和规模化生产，再在加上混收混储的收购方式，导致小麦的品质一致性和稳定性较差，专用小麦的品质潜力不能充分发挥。作为我国小麦进口主要来源国的澳大利亚，其小麦品种品质分类着重于新品种的加工和最终使用性能，通过划分种植区域、设置对照品种、建立质量评定标准和贸易标准，形成了完整的小麦品种品质分类体系，保证了同类同等小麦质量的一致性和稳定性。澳大利亚本土食用面条很少，但其大面积生产的有一类小麦叫做面条小麦（Australian noodle wheat，ANW），这是为了满足日本乌冬面的特定质量要求，包括面条色泽稳定性、爽滑度、弹性等，专门对标准白麦（Australian standard white wheat，ASW）进行改良而单独形成的一个种类，目前大量出口日本、韩国及东南亚国家，出口离岸价格每吨超过300美元，与澳大利亚用于面包制作的硬麦（Australian hard wheat，AH）、优质硬麦（Australian prime hard wheat，APH）等强筋小麦价格相当，实现了面条小麦的专麦专用、优质优价（王旭琳等，2021）。近年来，随着农业供给侧结构性改革的推动，小麦产业开始走上高质量发展道路。

中国优质专用小麦品种选育始于20世纪70年代末80年代初，到90年代后期优质小麦品种得到了较好的推广，逐步改善中国小麦的品质结构。为提升优质专用小麦品质，有利于优质品种选育、流通收购、生产加工，国家制定并实施了专用小麦品种品质（GB/T 17320—1998）、优质强筋小麦（GB/T 17892—1999）、优质弱筋小麦（GB/T 17893—1999）等标准。近年来，我国小麦育种工作者先后培育出了新麦26、师栾02-1、郑麦366、中麦578、济麦44等一系列优质强筋或超强筋小麦品种，部分小麦品种品质完全可以媲美甚至优于美麦、加麦等进口小麦，这些优质品种在河南、山东等地区得到推广应用，如河南新乡和安阳、山东滨州等地区已形成了优质强筋小麦的规模化种植优势区域。

四、存在的主要问题

小麦作为我国的主粮和主要战略储备粮，国家连续15年对其实行最低收购价（也称托市收购）政策，对促进小麦产量提升、保护农民利益起到了非常关键的作用，同时，大量小麦进入国家储备，包括相当数量的低质量小麦，结构性供需失衡显现。目前存在的主要问题有以下3个方面。

（一）优质专用小麦生产规模化程度不高，生产区域不明确

目前农户大多数仍为分散种植经营，生产规模小，小麦品种选择随机性强，配套栽培管理措施不到位，这些都是造成小麦品种质量性状不稳定、优质小麦表现不佳、品质竞争力弱的重要原因。

（二）优质小麦质量标准制定的依据不充分，忽略了食品品质评价

目前的标准过分强调了蛋白质和湿面筋的数量，而忽略了蛋白质和面筋的质量以及淀粉品质特性。评价优质小麦的目的是为其用途提供依据，从食品加工对原料品质需求的角度考虑，小麦粉吸水率、面团稳定时间、延展性、糊化特性等质量指标无疑也非常重要，同时最终制作的食品品质和加工适宜性评价更是需要加强。

（三）小麦产业链分段管理，政策协调性还有待加强

科学研究、遗传育种、小麦生产、粮食收储、食品加工在管理体制上隶属于不同部门，各自的目标重点和任务不同，政策、标准的一致性或可操作性亟待加强。农业部门推广的优质品种在粮食部门收购时达不到优质小麦的收购标准，粮食收储部门收购的小麦不能满足面粉生产和食品加工企业对质量的要求。粮食收储部门对收购的强筋小麦不能做到分收分储和优质优价，不仅导致优质商品粮数量不足，还会影响农业与食品加工业的可持续发展。

第二节　加拿大小麦分类分级标准与品质分析

加拿大是世界小麦生产大国之一，生产的小麦约80%用于出口。加拿大主要生产春小麦，占小麦总产量的80%，主要分布在平原三省——阿尔伯塔省、

萨斯喀彻温省和马尼托巴省，而以萨斯喀彻温省的小麦生产规模最大，占全国的2/3。其次是杜伦麦，冬小麦的种植面积最小。

一、加拿大小麦分类分级标准

加拿大小麦是世界上最优质的小麦之一，这与加拿大严格的小麦质量管理体系密不可分，政府特别重视出口粮食质量，规定出口粮食必须经过除杂整理，确保粮食都是清洁的，维护其在国际市场的良好形象。从纵向的整个生产过程来看，加拿大小麦标准体系包括种子标准、收购标准和出口标准。农业及农产食品部（Agriculture and Agri-Food Canada）、谷物委员会（Canadian Grain Commission，CGC）、食品检验局（Canadian Food Inspection Agency，CFIA）是政府在粮食生产、质量控制、检验检疫等方面的管理主体，相关要求必须满足《加拿大种子条例》和《加拿大谷物条例》的规定。

按照2019年8月修订的《官方谷物分级指南》（Official Grain Grading Guide），加拿大谷物委员会（Canadian Grain Commission，CGC）设定了17种类型小麦的等级标准和9种类型的出口标准。出口小麦主要包括加西红春麦（Canada Western Red Spring，CWRS）、加州草原春红麦（Canada Prairie Spring Red，CPSR）、加州草原春白麦（Canada Prairie Spring White，CPSW）、西部杜伦小麦（Canada Western Amber Durum，CWAD）、加西红冬麦（Canada Western Red Winter，CWRW）、加西软白春麦（Canada Western Soft White Spring，CWSWS）、加西硬质白春麦（Canada Western Hard White Spring，CWHWS）、加北硬红麦（Canada Northern Hard Red，CNHR）、加西超强麦（Canada Western Extra Strong，CWES），每种类别的小麦均有自己的等级评判标准，主要以容重作为等级评判的首要指标。出口到中国的加拿大小麦多是加西红春麦（CWRS）和加州草原春红麦（CPSR）。《官方谷物分级指南》中，加拿大小麦设立了包含容重、蛋白质、杂质、不完善粒、成熟度等50余项分级指标。加拿大为小麦标准配备了病斑粒、霉变粒、发芽粒的标准图谱，为检测人员准确判断提供了方便，以减少争议，减少贸易争端。

二、加拿大小麦品类品质及用途

（一）加西红春麦（CWRS）

CWRS产量约占加拿大小麦总产量的60%，其容重高，蛋白质含量高，面筋筋力强，磨粉品质好，粉色白，面团弹性和延展性比例适中，吸水率高，适合与低蛋白质含量和低面筋强度的小麦粉进行混合。以容重为主要指标划分4个等级，一等至饲用等级最低容重分别要求790g/L、770g/L、760g/L、730g/L，其中一等CWRS对角质粒比例（≥65%，计数）和蛋白质含量（≥10.0%，13.5%湿基）有所限定，其他等级无要求。CWRS制作面包时，和面特性好、耐醒发、延展性与弹性均衡、面包体积大、芯色泽白，烘焙品质好。因为面团的延展性和弹性好，使得压延光滑，形成的面筋网络结构均匀，制作的黄碱面条口感好、外观颜色好，较适宜制作各种亚洲面条。

（二）加州草原春红麦（CPSR）

CPSR蛋白质含量中等，籽粒硬度中等，但随着新品种的选育，蛋白质强度、磨粉特性和成品适用性均在提高。CPSR的出粉率较高，面粉灰分低，色泽鲜亮，磨粉时的蛋白质损失少。CPSR具有良好的揉混和发酵特性，面团强度中等偏强，弹性和延展性较好，适合于制作吐司面包、炉膛面包和平盘面包。在面条制作上，CPSR在面条加工过程中具有良好的吸水率，面团弹性好，适合生产高品质的白盐面条和方便面，也可制作用于面条加工的预制面团。CPSR分一等、二等和饲用小麦，对容重的最低要求分别为770g/L、750g/L和730g/L。

（三）加州草原春白麦（CPSW）

CPSW蛋白质含量高，面团强度中等，适宜制作各种平盘面包，也可单独或与其他面粉混合以制作各种面条。一等、二等和饲用小麦对容重的最低要求分别为770g/L、750g/L和730g/L。

（四）西部杜伦麦（CWAD）

加拿大是杜伦麦的主要出口国，杜伦麦产量约占全国小麦总产量的20%。

CWAD出粉率高，蛋白质含量高，面筋筋力强且弹性好，黄色素含量较高，所制作的意大利面具有优异的亮黄色，意大利面的硬度、耐煮性好且蒸煮损失率低，口感好。用CWAD碾磨的杜伦麦面粉也适合于制作炉膛面包和平盘面包，其优良的色泽使制作出来的面包具有诱人的黄色。杜伦麦分为5个等级，具体分类如表4-7所示。

表4-7 CWAD分级标准

等级名称	质量标准			
	容重（g/L）	角质率（%）	蛋白质含量（%，以13.5%湿基计）	完善程度
No.1	≥800	≥80	≥9.5	完全成熟，无损伤粒
No.2	≥790	≥60	—	完全成熟，无严重损伤粒
No.3	≥780	≥40	—	成熟度好，允许存在气候损伤粒或冻伤粒，但无严重损伤粒
No.4	≥750	—	—	冻伤粒、未成熟粒或气候损伤粒，允许存在严重损伤粒
No.5	≥730	—	—	因轻质或损伤而从较高等级降下的籽粒

注：等级标准还包括杂质，此表未展示。
资料来源：Official Grain Grading Guide（ISSN 1704-5118，20190801）。

（五）加西红冬麦（CWRW）

CWRW是一种中等硬度的小麦，具有良好的出粉率、小麦粉色泽和面团强度，面团耐搅拌，耐醒发。CWRW小麦粉的品质适用于中等蛋白质含量的各种烘焙食品，如炉火面包、各式平盘面包和薄脆饼干；也适用于制作白盐面条和馒头，制作出的馒头表面光滑，颜色白亮，形状左右对称。CWRW分一等、二等、三等和饲用小麦，其最低容重要求分别是790g/L、760g/L、740g/L和730g/L，其中一等和二等还提出了对蛋白质含量的要求（≥11.0%，13.5%湿基），其他等级无要求。

（六）加西软白春麦（CWSWS）

CWSWS是一种蛋白质含量低、面筋筋力弱的软质小麦，生长在艾伯塔省南部和萨斯喀彻温省。CWSWS的产量较低，适用于饼干、蛋糕、糕点等需要低蛋白质含量的烘焙产品和其他食品。CWSWS也因其蛋白质含量低（即淀粉含量高）而受到工业乙醇产业的高度青睐。该小麦按照容重分4个等级，一至三等和饲用小麦的最低容重分别为780g/L、750g/L、750g/L和730g/L。

（七）加西硬质白春麦（CWHWS）

CWHWS具有许多与加拿大西部红春小麦（CWRS）相似的品质特性，CWHWS小麦粉的色泽更加亮白，这使得CWHWS的适用性非常广泛，适合于制作大部分的面包和面条（如黄碱面条、方便面、乌冬面、白盐面条）。与采用加西红春麦制作的全麦面包相比，加西硬质白春麦的全麦面包具有更亮的外观、味道更温和。制作的面条产品色泽好，口感光滑、质地弹性足，也是生产高端饺子粉的理想选择。该类型小麦分4个等级，一至三等和饲用小麦的最低容重分别为790g/L、770g/L、760g/L和730g/L，其中一等小麦要求蛋白质含量≥11.0%（13.5%湿基），其他等级无要求。

（八）加北硬红麦（CNHR）

CNHR籽粒坚硬，磨粉品质好，具有中等的面筋强度，适合生产吐司面包、炉膛面包、平板面包和面条等。该小麦分4个等级，一至三等和私用小麦的最低容重分别为790g/L、770g/L、760g/L和730g/L，其中一等小麦要求蛋白质含量≥11.0%（13.5%湿基），其他等级无要求。

（九）加西超强筋麦（CWES）

CWES蛋白质含量高，面筋筋力强，籽粒硬度比CWRS高，需要的润麦时间长，可提高出粉率，适合与其他小麦粉混合以增加面粉的面筋强度，可作为高品质面包、面条和冷冻面团专用粉的优质原料。超强筋麦分一等、二等和饲用3个等级，其对容重的最低要求分别是780g/L、760g/L和730g/L，其中一等小麦要求蛋白质含量≥10.0%（13.5%湿基），其他等级无要求。

第三节 美国小麦分类分级标准与品质分析

一、美国小麦分类分级标准

美国小麦分为硬红冬麦（Hard Red Winter wheat，HRW）、硬红春麦（Hard Red Spring wheat，HRS）、软红冬麦（Soft Red Winter wheat，SRW）、软白麦（Soft White wheat，SW）、杜伦麦（Durum wheat）、硬白麦（Hard White wheat，HW）、未分类小麦（Unclassed wheat）和混合小麦（Mixed wheat）8类，其中前4类是美国产量较高和出口量较高的小麦种类。

美国一般将小麦分为5个等级，其中3~5等一般用作饲料，定等指标主要包括容重、损伤粒、杂质、皱缩粒及破损粒以及相对应的小麦类型等。具体分级标准如表4-8所示，非定等检测指标主要包括粗杂、水分、蛋白质、灰分、千粒重、籽粒大小、单颗粒谷物特性测定系统（SKCS）、沉淀值、降落数值、呕吐毒素（DON）等面粉和面团指标。

表4-8 美国小麦等级标准

定等因素			美国小麦等级				
			1	2	3	4	5
容重（g/L）		硬红粒或密穗白麦	≥764	≥751	≥725	≥699	≥660
		杜伦麦	≥782	≥756	≥730	≥704	≥665
		其他所有类型	≥789	≥764	≥738	≥712	≥673
缺陷（%）	损伤粒	热损粒	≤0.2	≤0.2	≤0.5	≤1.0	≤3.0
		总损伤粒	≤2.0	≤4.0	≤7.0	≤10.0	≤15.0
	杂质		≤0.4	≤0.7	≤1.3	≤3.0	≤5.0
	皱缩及破损粒		≤3.0	≤5.0	≤8.0	≤12.0	≤20.0
	总量		≤3.0	≤5.0	≤8.0	≤12.0	≤20.0

（续表）

定等因素			美国小麦等级				
			1	2	3	4	5
缺陷（%）	其他类型小麦	对比类型小麦	≤1.0	≤2.0	≤3.0	≤10.0	≤10.0
		总量	≤3.0	≤5.0	≤10.0	≤10.0	≤10.0
	石块（%）		≤0.1				
其他杂物（计数/1 000克样品）	动物粪便		≤1				
	蓖麻籽		≤1				
	猪屎豆		≤2				
	玻璃		≤0				
	石块		≤3				
	不知名杂物		≤3				
	总量		≤4				
虫蚀粒（计数/100g）			≤31				

资料来源：United States Standards for Wheat（2014.05）。

二、美国小麦品类品质及用途

（一）硬红冬麦（HRW）

HRW产量约占美国小麦总产量的40%，按照蛋白质含量（以12%湿基计）分为三等，低（<11.5%）、中（11.5%~12.5%）、高（>12.5%）。硬红冬麦的蛋白质含量中等偏高，中等硬度的胚乳，红色麸皮，面筋含量及强度中等，具有优良的制粉和烘焙特性（如面团稳定性和高吸水率）。整体来讲，该种类小麦品质稳定，市场供应稳定，是大多数面制品可靠的基础材料，适用于吐司面包、硬餐包、牛角面包和扁平面包，也适用于亚洲白盐面条和黄碱面条，是配麦、配粉的理想选择。

（二）硬红春麦（HRS）

硬红春麦是美国产量第二大的小麦类型，占美国小麦总产量的26%左右，其主要产地是美国北部地区，北部地区因为靠近港口的不同又分为太平洋西北部出口流向地区（产地主要是西部）和墨西哥湾地区（产地主要是东部），太平洋西北部出口流向的小麦又被称为"北方春麦"。太平洋西北部地区的硬红春麦产量占全美硬红春麦总产量的53%，按蛋白质含量（以12%湿基计）分为三等，低（<13.5%）、中（13.5%~14.5%）、高（>14.5%）。该类型小麦根据又根据深褐色、坚硬的角质籽粒占比分为褐色北方春麦（Dark Northern Spring wheat，DNS，占比>75%）、北方春麦（Northern Spring wheat，NS，占比25%~75%）和红春麦（Red Spring wheat，RS，<25%）三个子类型。美国市场上硬红春麦的价格通常都是按蛋白含量14%（以12%湿基计）的基准报价，同等褐色北方春麦（DNS）的价格要比北方春麦（NS）价格高出10~20美元/吨。硬红春麦的蛋白质含量高（12%~15%，12%湿基）、硬质胚乳、红色麸皮，面筋筋力强，吸水率高，出粉率高于平均水平，皮磨系统即可产生大量优质胚乳粒，送到清粉系统，生产出最大量的灰分低、粉色亮的面粉，适合制作主食面包、乡村面包、小餐包、牛角面包、百吉饼、汉堡包、披萨饼。在消费者追求"清洁标签"的市场中，用硬红春麦搭配硬红冬麦或其他小麦，可以在不使用或少使用改良剂的情况下，生产出吸水率更高、面包体积更大的产品。

（三）软白麦（SW）

软白麦的主要产区为太平洋西北部的俄勒冈州、华盛顿州、爱达荷州，这三个州的产量占全美的95%，是美国小麦中产量第四大的类型，尽管按产量排第四，但按出口量排第三，每年近80%产量用于出口。由于该类型小麦主产区地形和雨量变化大，软白麦也有冬麦和春麦之分，蛋白质含量范围和功能表现也比较宽泛，根据蛋白质含量（以12%湿基计）可分为三个等级：低（<9.0%）、中（9.0%~10.5%）、高（>10.5%）。同时该类型小麦根据密穗白麦（white club wheat）的混合比例又分为软白麦（Soft White wheat，密穗白麦比例低于10%）、密穗白麦（White Club wheat，其他软白麦比例<10%）、西部白麦（Western White wheat，其中软白麦比例>10%且密穗白麦比例>10%）三个子类型。密穗白麦的特别之处在于，它的面筋超弱并且不受蛋白质含量影响，具有独特的淀粉和蛋白特性。整体来讲，软白麦蛋白质含量低，胚乳软，麸皮颜色浅，面筋强度较弱，颗粒度小，粉色白，是制作蛋糕、曲奇饼干、苏打饼干、薄煎饼、甜点、早餐谷物、扁平面包、休闲食品的优质原料，与硬红春麦、硬红冬麦进行配粉，可以改善面包瓤颜色、质地和体积，用途广泛。

（四）软红冬麦（SRW）

软红冬麦产量在美国排第三，出口量排第四，与软白麦品质类似，是一种多用途小麦，在美国及世界各地，软红冬麦被广泛用于生产各种特色产品，如曲奇饼干、蛋糕、苏打饼干和休闲食品中，还可与硬红春麦、硬红冬麦搭配，改善面包瓤质地、颜色和外观。

（五）硬白麦（Hard White）

硬白麦是美国小麦中产量最小的类型，美国全麦粉上次行对硬白麦有强劲的需求，但由于产量相对较小，大部分由麦农与美国制粉企业签订种植合同以保证品质标准和农民收益。硬白麦有冬麦和春麦之分，其蛋白质含量和功能表现是比较宽泛的。该类型小麦用途与硬红冬麦类似，出粉率更高。其风味更柔甜，在制作全麦产品时可以添加较少的甜味剂，适合制作亚洲面条、硬餐包、小麦片、墨西哥卷饼、方包、扁平面包、全麦产品。

第四节 澳大利亚小麦分类分级标准与品质分析

小麦是澳大利亚主要粮食作物，主要种植于澳大利亚东南部的小麦粮食带和西南部的西澳大利亚州。澳大利亚每年大约生产2 500万吨小麦，约占全球年产量的3.5%，65%~75%的小麦出口到全球50多个国家，占全球小麦年出口量的10%~15%。澳大利亚小麦凭借其安全、洁净、高品质处于世界领先地位，其优越的加工性能和稳定的终产品质量特性备受小麦加工企业青睐。

本节主要从澳大利亚小麦分类发展史、现有小麦分类及品质特性和小麦品种质量分类体系等方面进行介绍，帮助我国小麦育种、生产、加工、贸易各主体了解澳大利亚小麦产业发展情况，也为我国改进小麦品种质量评价体系、调整小麦生产结构与布局、优化小麦进口贸易结构提供参考。

一、澳大利亚小麦分类分级标准

澳大利亚1788年开始种植小麦，但直到1860年修建了横贯内陆各地的铁路后，小麦产业才得到快速发展。小麦种植面积从1860年的450万亩快速增长到2000年的1.5亿亩（邱泽森和李旭，2001）。伴随着免少耕技术、多作物轮种、秸秆还田、化肥和除草剂的使用、半矮秆小麦品种的培育（邱泽森和李旭，2001），小麦产量也逐步提升。随着产量的提升，开始关注小麦品质和贸易。

（一）早期小麦评价方法

在澳大利亚小麦收储和销售方面，南澳、维多利亚、新南威尔士和西澳分别在1888年、1891年、1899年和1905年引入了良好平均品质（Fair Average Quality，FAQ）体系。该体系基于各州商会公布的每个年度小麦的平均蒲式耳重量来计算，即所有小麦混合收储，出口小麦至少达到各州在该年度宣布的FAQ值。但因气候影响，不同年度、不同地域间小麦品质存在差异，FAQ体系不能对澳大利亚小麦品质进行统一评价。

（二）引入小麦分类体系

成立于1939年的澳大利亚小麦局（Australian Wheat Board，AWB），拥有国内市场和出口市场的小麦销售权（朱行，2016），急需创建一个新的小麦分类评价方法，以保证同类小麦具有相同的品质。澳大利亚小麦行业早期采用了美国和加拿大执行的小麦分类和等级方法。小麦分类包括：优质硬麦（Australian Prime Hard，APH）、硬（Australian Hard，AH）、优质白麦（Australian Premium White，APW）、标准白麦（Australian Standard White，ASW）、软麦（Australian Soft，AS）、杜伦麦（Australian Premium Durum，ADR），以及这几种基础类型的混合类型。每一种分类的品质标准都是固定的，有利于减小同一类型小麦在年度内和年度间的品质差异。

（三）小麦分类体系逐步完善

1956年，澳大利亚农业部部长在一次会议中决定在各州创立小麦咨询委员会，旨在为各州官员在制定小麦品质改良政策方面提供一些建议。西澳小麦咨询委员会成立于1960年，其成员也包括主要小麦企业和组织的代表。1995年之前，西澳小麦咨询委员会在引导西澳小麦品质改良工作中一直起着非常重要的作用：①在1970年发起建立了新的澳大利亚软质和硬质品种分类方法，并在该方法的执行中起到了监管作用；②在1989年支持将面条小麦（Australian Noodle Wheat，ANW）分为一个类别，并规划了新的小麦育种方向；③支持用于新品种评定的对照品种的概念并设计了可行性方案；④评定发布的小麦新品种归属于何种分类。

1992年由Graham B Crosbie博士发起建立澳大利亚小麦品质目标群项目（Wheat Quality Objectives Group，WQOG），建立了一套以市场需求为导向的小麦品质评价体系，利用这套品质评价体系进一步开展澳大利亚小麦育种和品质研究工作。1995年，在WQOG的建议下，澳大利亚优质白麦（APW）成为澳大利亚小麦中一个新类别。APW可以更好地满足一些重要产品的品质要求，目前已成为澳大利亚小麦的一个主要类别。同时，在WQOG的建议下，澳大利亚谷物研究与开发公司（Grains Research and Development Corporation，GRDC）在小麦品质研究中引入了终产品的质量指标。

日本、韩国是西澳面条小麦ANW的主要出口国，ANW在出口时需搭配APW以达到合适的磨粉品质和面条质量。随着APW分类中的小麦品种逐渐更替，存在不适合与ANW搭配的APW品种。2009年，首次提出澳大利亚优质面条白麦（Australian Premium White Noodle，APWN），用来与ANW配麦，以保证出口日本或韩国的面条专用混合小麦具有高品质。

（四）确定小麦品种质量分类体系

2003年澳大利亚小麦局建立了国家小麦品种质量分类体系，每一个小麦新品种投入市场前，必须通过小麦品种质量分类体系进行分类划分，保证各州同一分类小麦品质的一致性和稳定性。

评定标准主要评估新品种的内在品质特征，着重于加工和最终使用性能。具体评估方法为：将小麦新品种与所申请分类对照品种于同一时间、同一地点、统一管理种植、统一收获后，到通过实验室能力验证且能够提供可接受的准确度水平的实验室进行品质和产品加工性能评估，评估参数超过30个，包括籽粒品质、磨粉品质、面团特性、最终产品特性等。连续种植3年，在此期间收集包括对照样品在内的所有种植和试验数据，供评定委员会审议。数据提交格式、不同种植区域、各分类对照品种以及能进行籽粒、面粉和最终产品评估的实验室名目都有明确规定，申请者可得到一份《澳大利亚小麦质量分类指南》。

根据种植特点将澳大利亚小麦种植区划分为4大区，分别为北部分类区——昆士兰州和新南威尔士州北部；东南分类区——新南威尔士州南部；南部分类区——维多利亚州和南澳州；西部分类区——西澳州。

对照品种是当前该小麦分类中品质较佳且在某方面具有优势的品种，不同种植区域的对照品种不同，且对照品种也会随着育种的更新而更替，当任何种植区的对照品种发生变化时，澳大利亚小麦质量委员会通过更新指导方针通知行业参与者，且更改在通知下达后的当季生效。

表4-9为澳大利亚面条小麦（ANW）在各种植区的对照品种及相关质量参数。由表可知，西部分类区当前的对照品种为Calingiri、Supreme、Ninja、Arrino，其中Calingiri是传统优质对照品种，目前占西澳ANW小麦种植面积的50%左右；Supreme、Ninja是近几年培育的新品种，Supreme品质最好，但其缺点是产量低；Ninja品质相当或略好于Calingiri，并且具有高产特性，种植面积在逐年增加。北部、南部和东南部因ANW种植量较少，对照品种主要为Sunsoft98、Rosella。

（五）评定标准

品种评定时除了分析小麦种植特性外，重点分析小麦籽粒特性以及终产品质量。终产品质量会反映到小麦籽粒特性上，因不同小麦分类适合制作的产品不同，故其籽粒质量要求也不相同。

表6-9列出了评定ANW小麦品种时的小麦籽粒质量特性和终产品质量，对应到小麦籽粒质量上主要有以下几点：①磨粉特性。因ANW为软质小麦，所

以出口到日本制作乌冬面的小麦是混合了10% APWN的ANW小麦；要求60%出粉率时面粉的灰分在0.38%以下，同时要求面粉麸星含量低，以防止生面片返色。②小麦粉色泽。要求面粉颜色呈明亮的乳黄色，指标表现为高L*值、低a*值、高b*值。③吸水率。要求具有中等偏低的吸水率，可以加快干燥速率，节省能源。④黏度特性。优质乌冬面的口感柔软而富有弹性，除面粉筋度外还要求面粉具有高淀粉溶胀特性（Crosbie, 1992），同时还能提高出品率。⑤色泽稳定性。生面片L*稳定性好，要求面粉的多酚氧化酶和脂肪氧合酶含量低。

（六）等级划分

培育的新品种在正式种植前要先通过国家小麦品种质量分类体系进行审核评定，划分小麦类别。但小麦等级划分是以澳大利亚贸易委员会（Grain Trade Australia, GTA）每年修订的《小麦贸易标准》为依据，根据当年小麦的品质来确定等级。根据小麦分类不同分为1~2等或1~3等，按照四大项40多个指标进行品质检测和定等，各项及指标都有详细说明，包括质量参数、缺陷粒、外源种子和其他污染物（欧阳妹虹和段晓亮，2018）。由表4-10可知，APW划分等级时仅蛋白质含量一个指标存在差别，其他定等指标都相同。但在ANW等级划分时，不仅蛋白质含量、容重、筛上不可研磨物含量、筛下物杂质含量不同外，缺陷粒、外源种子和其他污染物中也存在多个指标不相同。

表4-9 澳大利亚面条小麦（ANW）对照品种及质量指标

质量指标	西部地区				南部地区			东南部地区			北部地区
	Ninja	Supreme	Calingiri	Arrino	Sunsoft98	Rosella	Sunsoft98	Rosella	Parakeet	Sunsoft98
磨粉品质	可接受	可接受	好	最低	好	好	好	好	好	好
面粉色泽	最低	非常好	差	可接受	非常好	非常好	非常好	非常好	非常好	非常好
吸水率	可接受	好	好	好	好	好	好	好	好	好
延展性	好	非常好	好	好	好	好	好	好	好	好
最大阻力	好	好	好	好	好	好	好	好	好	好
面团综合特征	适合	适合	适合	适合	适合	适合	适合	适合	适合	适合
黏度特性	高	高	高	高	高	高	高	高	高	高
生面片L*稳定性	好	好	好	好	好	好	好	好	好	好
煮后色泽	可接受	非常好	最低	可接受	好	好	好	好	好	好
煮后硬度	好	好	好	好	好	好	好	好	好	好
煮后弹性	可接受	非常好	可接受	好	好	好	好	好	好	好
煮后黏性	好	非常好	可接受	好	好	好	好	好	好	好

表4-10 APW和ANW小麦部分等级划分标准

接收标准	指标	APH1	APH2	AH1	AH2	APW1	APW2	APWN	ASW1	ANW1	ANW2
	是否接收品种	是	是	是	是	是	是	是	是	是	是
	水分≤(%)	12.5	12.5	12.5	12.5	12.5	12.5	12.5	12.5	12.5	12.5
	蛋白质含量(%)	≥14	≥13	≥13	≥11.5	≥10.5	≥10	≥10	—	9.5~11.5	—
质量参数	容重≥(g/L)	760	760	760	760	760	760	760	760	760	720
	2.00mm筛上物杂质≤(%)	0.6	0.6	0.6	0.6	0.6	0.6	0.6	0.6	0.6	0.6
	2.00mm筛下物杂质≤(%)	5	5	5	5	5	5	5	5	5	10
	降落数值≥(s)	350	350	300	300	300	300	300	300	300	300
缺陷粒	病斑粒(计数)≤(%)	5	5	5	5	5	5	5	5	5	15
	赤霉病粒(计数)≤(%)	2	2	2	2	2	2	2	2	2	5
外源种子	外源种子(类型6)≤(计数/半升)	10	10	10	10	10	10	10	10	10	50
	外源种子(类型7a)≤(计数/半升)	1	1	1	1	1	1	1	1	1	10
	外源种子(类型7b)≤(计数/半升)	50	50	50	50	50	50	50	50	50	150
	小颗粒外源种子≤(%)	0.6	0.6	0.6	0.6	0.6	0.6	0.6	0.6	0.6	0.6
其他污染	沙子≤(计数/半升)	20	20	20	20	20	20	20	20	20	50
	土块≤(计数/半升)	1	1	1	1	1	1	1	1	1	3
	石子≤(g/2.5L)	4	4	4	4	4	4	4	4	4	4

二、澳大利亚小麦品类品质及用途

根据澳大利亚小麦质量委员会审定，目前澳大利亚出口和食用小麦分类有澳大利亚优质硬麦（APH）、澳大利亚硬麦（AH）、澳大利亚优质白麦（APW）、澳大利亚标准白麦（ASW）、澳大利亚面条小麦（ANW）、澳大利亚优质面条白小麦（APWN）、澳大利亚杜伦麦（ADR）和澳大利亚软麦（ASFT）。按小麦用途分，澳大利亚小麦可以分为3个类别：优质硬麦、多用途小麦、专用小麦。

（一）优质硬麦

澳大利亚优质硬麦（APH）：APH是白色角质硬粒小麦品种，蛋白质含量在13%（11%湿基，下同）以上，具有高蛋白、高出粉率、低灰分、明亮色泽和强劲而平衡的面团特性，与加拿大西部红春麦（CWRS）和美国北部褐色硬春麦（DNS）品质相当。面团筋度和延伸性好，色泽明亮且稳定性高，可单磨或与低蛋白小麦配麦，生产适用于制作各种面包和面条的高质量面粉，如欧式大面包、黄碱面条、新鲜拉面、白盐面条和馄饨皮等。约占全国总产量的5%~10%，传统种植区域为昆士兰州和新南威尔士州北部，但经过5年的品质改良以及与种植者、贸易商和育种家协商，于2018年取消种植区域限制，现已在全国范围内种植。

澳大利亚硬麦（AH）：AH由白色硬粒小麦品种组成，一等蛋白质含量在13%以上，二等在11.5%以上，具有高出粉率、高吸水率、明亮色泽和强劲面团特性，与加拿大西部红春麦（CWRS）和美国硬红冬麦（HRW）品质相当。AH是各种烘焙产品的理想选择，包括欧式盘面包和炉火面包、中东风格扁平面包、黄碱面条、白盐面条和馒头等食品。AH品种遍布澳大利亚小麦种植带，约占全国总产量的15%~20%，可从大多数港口供应。

澳大利亚优质白麦（APW）：APW由具有良好研磨特性的白色硬粒小麦品种组成，蛋白质含量在10%以上。APW具有平衡的面团特性、良好的色泽特性和中高等淀粉膨胀特性，可单磨或配麦，用于生产各种面包和各种亚洲面条、蒸制食品，如中东的扁平面包和袋装面包、速食面、生鲜面、方便面和馒头等。APW品种遍布澳大利亚小麦种植带，占全国总产量的30%~40%，可从大多数港口供应。

（二）多用途小麦

澳大利亚标准白麦（ASW）：ASW由硬质的白粒小麦品种组成，蛋白质含量中等偏下，无论是单磨还是配麦，均具有良好的研磨特性和面粉色泽。ASW可用于多种烘焙产品，包括中东、伊朗和印度风味的面包；也适用于馒头等蒸制产品、方便面和质地较软的面条。ASW小麦品种全国种植，占全国总产量的20%~25%，可从大多数港口供应。

（三）专用小麦

澳大利亚面条小麦（ANW）：ANW品种必须满足日本乌冬面的特定质量要求，包括面粉颜色、面团色泽稳定性和口感。一般为软质小麦，ANW一等麦蛋白质含量为9.5%~11.5%，要求面粉灰分含量0.36%~0.40%、无麸星、具有中等面粉黄色素含量和高淀粉膨胀特性，面团色泽稳定性好，口感柔软而富有弹性，适合各种类型（生、干、冷冻、煮熟）的乌冬面。ANW主要在西澳种植，而在东部多为订单种植。约占全国总产量的5%，ANW通常以与APWN小麦搭配的形式出口，而不是单独出口。

澳大利亚优质面条白麦（APWN）：APWN是一类优质的白色硬粒特种小麦，蛋白质含量10%~11.5%，具有中高等淀粉膨胀特性和适度黄色素含量。APWN具有独特的加工品质，非常适合与ANW混合以制成优质乌冬面和其他各种面条。APWN除质地偏硬外，其他质量特性与ANW相似，包括高出粉率、低灰分、亮黄色粉色、亮白色面片、面片返色速度慢。APWN仅在西澳种植，约占全国总产量的5%~10%。

澳大利亚杜伦麦（ADR）：ADR的颗粒非常坚硬，为玻璃质和琥珀色的籽粒特征，蛋白质含量在13%以上。ADR以其良好的物理品质、加工特性和最终产品质量而著称，非常适用于制作具有亮黄色泽和长保质期的各种意大利面，也可用于大麦粉和粗粉生产。ADR产量不足5%，新南威尔士州和昆士兰州的ADR主要集中出口，南澳和维多利亚州的ADR主要用于国内意大利面市场。

澳大利亚软麦（ASFT）：ASFT是一类白色、软质小麦品种，蛋白质含量在9.5%以下，非常适合制作各种甜食，包括蛋糕、饼干、糕点、糖果以及亚洲的蒸煮产品。ASW小麦品种全国种植，产量不足5%，东海岸生产的ASFT主要用于澳大利亚国内饼干和蛋糕生产，要求具有低蛋白含量、低吸水率、低面团强度和较优的面团延展特性。西海岸生产的ASFT主要用于出口亚洲市场，制作一系列蒸制食品如中国广式馒头、中式糕点等，产品要求白色、光亮、无斑点。

第五节 哈萨克斯坦小麦分类分级标准与品质分析

哈萨克斯坦小麦主产区在北部科斯塔奈州、北哈萨克斯坦州和阿克莫拉州，该地区主要种植春小麦，占全国小麦总产量的75%，全国春小麦种植面积占总种植面积的95%。冬小麦生产主要位于南哈萨克斯坦州。

受当地气候条件和农业技术影响，哈萨克斯坦小麦产量和质量稳定性较差。哈萨克斯坦小麦无具体分类，主要以面筋含量为定等指标进行划分，1～5等的面筋含量分别为32%、28%、25%、23%和18%（表4-11）。面筋含量在23%以上的小麦适合制粉。我国从哈萨克斯坦进口的小麦多为三等以上小麦。

据中哈边境保税区的面粉加工企业表示，受地域气温低影响，对于硬质麦的润麦不容易把控，企业一般采取降低出粉率来进行加工处理。与国产等级相当的小麦粉比较，哈萨克斯坦小麦粉色泽微黄亮（白度差、黄度值高），灰分高，面筋含量低，面筋指数高。粉质仪检测显示，面团形成后弱化度小，稳定时间在10分钟以上，面团抗阻力较强，延伸性好，适合制作面包和面条。

表4-11 哈萨克斯坦小麦等级标准

等级	容重/(g/L)	面筋/%	蛋白质/%（干基）	降落数值/s	杂质（%）			
					粮食杂质	腐烂粒	黑穗粒	难以分开的杂质
1	≥760	≥32	≥15	≥200				≤2
2	≥750	≥28	≥13.5	≥200				≤2
3	≥730	≥25	≥12.5	≥200	≤15	≤1	≤10	≤2
4	≥710	≥23	≥11.5	≥160				杂质范围内
5	≥700	≥18	≥9.5	≥80				杂质范围内

第六节　法国小麦分类分级标准与品质分析

法国小麦产量占欧盟总产量的1/4，出口量居世界第三，产量居世界第五。法国种植小麦主要是冬小麦，播种时间在10—11月，收获季节在次年7—8月，小麦颜色橙黄，几乎无白麦。与其他国家的小麦分等细致程度不同，法国分仅包含蛋白质含量、面团强度、容重、降落数值4个等级要素，分为"优等""高级""中级""达标"4个等级，前3个等级不同程度约束了4个分级要素，不同等级小麦的蛋白质含量最低限制差距仅为0.5%；"达标"等级对所有指标无要求，满足购买方和出售方双方约定即可（表4-12）。

据法国粮食出口协会所统计，2020年法国小麦容重较高，平均容重为792g/L、蛋白质含量在11.1%~14.1%，平均值为11.5%，湿面筋含量平均值为23%，面筋指数平均值为82，面团韧性、黏弹性和延展性好。该协会以法式面包的制作过程中生面团、熟面团以及面包芯来验证小麦品质，认为可用于不同的烘焙产品。

表4-12　法国粮食跨行业协会小麦品质分级一览表

等级	蛋白质含量（%，干基）	面团强度（10^{-4}J/g）	容重（g/L）	降落数值（S）
优等	≥11.5	≥170	≥770	≥240
高级	≥11	无规定	≥760	≥220*
中级	≥10.5	无规定	无规定	≥170*
达标	根据合同规定	无规定	无规定	无规定

注：*"高级"和"中级"小麦使用时可以不规定降落数值，这种情况下的名称为"高级"和"中级"小麦。

资料来源：法国粮食跨行业协会（2020）。

国内研究在标注法国小麦时，以蛋白质含量定义高筋或低筋，但其定义与我国不同，仅表示相对含义。河南工业大学研究表明，法麦面团吸水率高，面团耐揉压性非常好，重复压延不会黏附压面机。制作的湿面条呈鲜亮的奶黄色，色泽稳定性好，室温放置48小时未见明显的"返色"或"褐变"现象，蒸煮时间短，硬度适中，筋道、弹性足，耐咀嚼性好；不粘条、不粘牙，爽口滑溜。低筋粉（11%）是制作广式馒头的基础粉，其和面吸水率高，面团弹性足，耐揉压性好，外形匀称、高挺、不扁塌；馒头瓤呈松软的海绵状、平滑、细腻、富有弹性；爽口不粘牙、耐咀嚼；甜味纯正、口感细腻，具有浓郁的麦香味。

第七节 俄罗斯小麦分类分级标准与品质分析

俄罗斯主要根据小麦籽粒质地（硬质、软质）、皮色（红皮、白皮）及播种期（春播、秋播）将小麦分为7类，即硬质红春麦、硬质白春麦、软质白春麦、软质红春麦、软质红冬麦、软质白冬麦、硬质冬小麦，并制定了硬质小麦和软质小麦两类的等级标准（表4-13，表4-14）（魏益民和杜曼·依马买地，2022）。等级标准主要依据蛋白质含量、湿面筋含量、降落数值、角质率、容重、杂质和不完善粒等将小麦分为5级。

表4-13 俄罗斯硬质小麦等级标准

项目	等级				
	1级	2级	3级	4级	5级
色泽、气味	正常	正常	正常	正常	正常
蛋白质（%，干基）	≥13.5	≥12.5	≥11.5	≥10.0	—
湿面筋（%）	≥28.0	≥25.0	≥22.0	≥18.0	—
降落数值（s）	≥200	≥200	≥150	≥80	—
角质率（%）	≥85	≥85	≥70	—	—
容重（g·L^{-1}）	≥770	≥770	≥745	≥710	—
水分（%）	≤14.0	≤14.0	≤14.0	≤14.0	≤14.0
杂质总量（%）	≤2.0	≤2.0	≤2.0	≤2.0	≤5.0
不完善粒（%）	≤5.0	≤5.0	≤5.0	≤5.0	≤15.0

注：引自俄罗斯国标小麦GOST 9353—2016。

表4-14 俄罗斯软质小麦等级标准

项目	等级				
	1级	2级	3级	4级	5级
色泽、气味	正常	正常	正常	正常	正常
蛋白质（%，干基）	≥13.5	≥12.5	≥11.5	≥10.0	—
湿面筋（%）	≥28.0	≥25.0	≥22.0	≥18.0	—
降落数值（s）	≥200	≥200	≥150	≥80	—
角质率（%）	≥85	≥85	≥70	—	—
容重（g·L^{-1}）	≥770	≥770	≥745	≥710	—
水分（%）	≤14.0	≤14.0	≤14.0	≤14.0	≤14.0
杂质总量（%）	≤2.0	≤2.0	≤2.0	≤2.0	≤5.0
不完善粒（%）	≤5.0	≤5.0	≤5.0	≤5.0	≤15.0

注：引自俄罗斯国标小麦GOST 9353—2016。

俄罗斯主要种植春小麦，主要品种有伊连、新西伯利亚系列、阿尔泰系列、格莱尼等。俄罗斯小麦的容重一般大于770 g/L，蛋白质含量一般高于13.0%。高蛋白质含量是俄罗斯小麦的主要品质特点，如新西伯利亚31号的种用小麦蛋白质含量高达20%，湿面筋含量高达40%（齐泽心，2021）。从齐泽心（2021）对10份俄罗斯小麦样品的质量指标检测结果可以看出，容重比较高，变幅为774~826 g/L；湿面筋含量变幅较大，为24.7%~33.0%；面团稳定时间平均值为8.5 min，变幅为4.9~12.9 min，60%样品的稳定时间达到了我国优质强筋小麦标准的要求（≥7.0 min）；面团拉伸能量平均值为122.6 cm^2，最大拉伸阻力平均值为516.4 EU，延展性很好，平均值达到187.3 mm，变幅为141~212 mm。根据以上有限数据判断，俄罗斯小麦适合制作面包等焙烤类食品。魏益民和杜曼·依马买地（2022）认为，俄罗斯1、2级小麦可用于制作焙烤类食品或新疆拉条子面粉的配麦，3级小麦在用于对面团黏性和弹性有要求的工业化食品制作时，需要谨慎或搭配使用，4级小麦在欧洲被定义为饲料小麦。

第五章 中国小麦产业竞争力提升面临的挑战

第一节 品种品质不符合产业需求

长期以来,为解决众多人口的温饱问题,我国把小麦育种与生产的目标定位在产量,小麦品种主要特征为高产稳产、抗病和抗逆,而脱离了加工和消费的实际需求,导致了我国小麦品种的品质普遍较差,从而形成了高产量、高库存量、高进口的供给现状。不同的食品需要不同品质的小麦,如加工面包需要选择硬质强筋小麦,加工面条需要延展性好的中强筋小麦,加工饼干需要软质弱筋小麦,而现阶段我国小麦主要以中筋为主,加工烘焙食品所需的强筋小麦或弱筋小麦都需要从国外进口进行配麦和配粉,完全使用国产优质小麦很难加工出高质量的烘焙专用粉。与进口强筋小麦相比,国产小麦的主要缺点是面筋质量差、稳定时间低、延伸性差。国内专用小麦供需矛盾突出,是制约产业下游专用面粉工业和面制食品工业产品创新升级的重要因素。

第二节 产业化经营程度不足

在农业供给侧结构性改革的推动下,我国优质专用小麦种植面积逐年增加,但是在大多数地区优质专用小麦生产还未形成区域化格局,主要生产方式仍以家庭分散经营为主，使现有优质专用小麦种植过于分散，面积较小，组织化程度偏低，难以实现单一品种区域化种植和规模化生产。相较于其他农业合作化程度高的国家，我国普遍存在农业合作社规模小、管理制度不完善、专业技能和管理水平不足等问题，未能充分发挥合作社的规模效益，不利于现代农业的发展以及农业专业合作社的运营。由于产业化经营程度不足，难以实现统一品种、统一栽培、统一收获、统一仓储，且缺乏与品种配套的栽培技术，导致优质品种的产量潜力和品质特性无法完全发挥，且品质稳定性较国外优质小麦相差较大，严重影响下游食品质量及其稳定性，从而降低了国内优质小麦的市场竞争力和经济效益。产业化经营是小麦产品优种、优质、优量、优价的重要保障，且能有效衔接其下游的面粉企业及面制品加工企业，增加订单农业履约率。

第三节　一二三产融合程度不足

小麦产业链长，终端产品种类多，消费路径复杂，包括育种、种植、收储、制粉、食品加工、烹饪食用等环节，跨越农业、农产品加工业、食品工业、餐饮业等，消费末端的品质需求和效益较难传递至前端的农业生产和农产品初加工，导致真正满足加工企业和终端消费者需求的优质小麦品种在粮食流通市场上缺乏，优质小麦的生产供应不能满足加工各类专用面粉或专用食品的需要，市场上出现普通小麦供过于求与优质专用小麦供不应求并存的现状。小麦产业链条各单元对小麦品质需求的不一致性，是小麦产业链脱节、一二三产融合程度低的主要原因。小麦产业链上游的育种者和种植者注重产量、抗性等，中游的面粉加工企业/食品加工企业注重色泽、稳定时间、拉伸面积等品质特性及其稳定性，下游的消费者注重食品外观、风味、口感等食用品质。

第四节　政策性粮食储备体系目标失衡

中国政策性粮食储备体系包括战略储备和托市收储，承担着保障国家粮食安全、确保农民种粮收入和稳定粮食市场的功能。在促进农民增收和保障粮食安全的压力下，托市逐渐从过去特殊情况下确保市场稳定的单一目标，逐渐扩大到确保农民增收、粮食安全、稳定市场的多重目标（郑风田和普蒉喆，2019）。为了保证粮食产量稳步提高，进一步把托市收储政策稳定收入的功能扭转为农民增收功能。在具体执行过程中，市场稳定目标优先地位被粮食安全所取代，对粮食安全目标的关注进一步强化了托市的农民增收功能。

小麦市场价格基本上向托市价格看齐，市场供需形势被虚化。2006—2010年，政府以最低收购价政策收购了市场上34.1%的小麦。政策性收储长期主导市场的结果是重视小麦数量而忽略小麦质量，导致小麦供给与需求长期错位，而且影响国库粮食质量，浪费国家优质储备库资源（郑风田和普蒉喆，2019）。

政策性收储无法实现优质小麦专收专储，使优质小麦收购无法实现按品种和等级分类储存，从而失去使用价值和销售市场。优质小麦混收混储，使专用小麦的品质潜力不能充分发挥，不能满足加工业对原料品质一致性和稳定性的要求，加上没有形成优质专用小麦销售的专业化平台和标准化体系，难以实现优质优价，农民收益得不到保障和提高，降低其种植优质小麦的积极性。

第六章 战略思考及政策建议

第一节 战略思考

一、产业化经营是提高小麦生产效益的重要途径

我国小麦生产特征明显,主要表现为高投入、高产出、低收益。2005—2019年,我国小麦生产总成本大幅度上升,从每亩389.61元上升至1 028.91元,年均增速7.3%。而亩均净利润整体呈大幅下降趋势,2019年小麦亩均净利润仅15.08元。提高小麦生产效益,对于农业增效、农民增收、保障国家粮食安全和农业可持续发展至关重要。

实现产业化经营是提高小麦生产效益的重要途径。横向维度,通过专业合作社等新型经营主体,规模化、集约化种植,实现高产出、高质量和低成本;纵向维度,以加工企业为主导,促进一二三产业融合,实现优质优价,提高全产业链效益。

提高小麦生产效益的建议实现路径和措施包括:一是根据管理、经营和技术水平,适度规模化经营。规模化经营,通过平整土地,可以增加种植面积,提高农机利用率;以规模谈价,可降低农药化肥等农资费用;亦可以实现品种品质统一管理,直接与加工企业对接,增强议价能力。至于规模化经营的"适

度规模",则取决于管理水平、经营水平和技术水平,因此人才队伍建设对于规模经营主体的盈利水平至关重要,建议加强区域性职业农民和职业经理人培训学校的建设。二是构建产业联合体,强化一二三产融合。鼓励面粉加工、主食加工企业到粮食主产区开展供产销衔接;支持有实力的龙头企业实行优质小麦种植、仓储、面粉生产和食品加工、物流和市场营销服务一体化经营,充分发挥加工企业的产业引擎作用,构建产业联合体,将工业化和商业化的管理理念和技术手段应用到农业,增加小麦产业附加值。比如加工企业在当地成立合作社,合作社采取股权分红模式,即"固定地租+二次分红",灾年时保证其固定地租收益,丰年时再进行二次分配,在固定地租的收益基础上,由职业农民、加工企业、股权农户按照一定比例进行利益分配。三是因地制宜,发展种养结合的循环农业。可通过"粮—畜结合""粮—渔复合"等模式,如小麦种植与养猪结合,按照"地上种粮—粮变饲料—饲料养殖—养殖产粪—粪肥还田—土壤改良—品质原粮"的循环产业模式,从而减少生产要素资源的闲置,促成生产成本的互补与分摊,有效增加产业附加值(附录1)。

二、产业链融合发展是小麦高质量发展的关键

我国小麦生产供给现状为国内总产量和进口量持续增加,小麦产量高、库存高、进口量高,而加工企业缺少优质原料,主要是高品质专用小麦供给不足,仍需要通过进口来调剂。小麦生产表现出结构性过剩,品种结构与食品工业/餐饮业发展需求的矛盾加剧,主要表现在市场上加工品质和营养品质一般的中筋小麦生产过剩,而硬质强筋的面包用小麦和软质弱筋的糕点用小麦供给不足;优质强筋或弱筋小麦粉的加工依赖于进口小麦或与进口小麦搭配,或是利用食品添加剂改变面团流变学特性和食品质地。

小麦产业呈现结构性矛盾主要是因为小麦产业链中的育种、生产、加工、消费等各环节脱节,一二三产融合程度低(魏益民,2016)。小麦育种和生产主要以高产稳产、抗病、抗逆的品种为主,脱离加工和消费的实际需求,2005年以后的育种强调产量,忽视了品质改良,品质育种呈下滑趋势(何中虎等,2018);小麦种植分散、规模小,收储过程多为混收、混储,不能满足加工业

对原料品质一致性和稳定性的要求。了解和满足产业链中下游即面制食品制造端和消费端的需求，实现产业链融合发展，是优化生产结构、实现小麦高质量发展的重要途径和方式（附录2）。

三、健全质量评价体系是小麦供给侧结构性改革和优质优价的基础

小麦产业链中各环节使用的评价标准不一致且评价指标单一，使市场真正需求的具有优良加工品质和营养品质的食品专用小麦品种比较缺乏，如小麦品种的选育、审定和推广依据的标准与加工企业收购优质强筋、弱筋小麦执行的标准不完全一致，企业收购优质强筋麦，除了不完善粒、容重、蛋白质含量、湿面筋含量，还会检测吸水率、面团稳定时间、延展性等，并且更为关注面食的实际制作效果。

系统合理的小麦质量分等分级对规范交易市场秩序和促进优质优价具有重要作用。当前的质量评价方法和标准来传递价格信号已不能准确传递出加工企业和消费市场对小麦质量的具体需求，分级标准难以引导质量与价格形成正比关系。要改善目前小麦市场上种植、收储、制粉、食品加工、消费等多方对优质的认识不统一问题，以及优质不优价的困境，首先应确立完善健全的质量评价方法和分等分级标准。

非常有必要构建一套完善的小麦质量评价体系，能够从全产业链的角度系统全面地阐明小麦质量的内涵，帮助小麦产业各环节从业者都能了解产业链上下游的需求。应用完善的小麦质量评价方法和评价标准开展品种审定、品质鉴定和推广，可以更全面、准确地阐明每个小麦品种的质量特点、优势、不足及产业应用特点，有助于育种者确定合理全面的育种目标，帮助农业生产者种植更加符合加工企业及终端消费者需求的品种，帮助加工企业鉴别和收购优质、适宜的小麦品种，有力推动我国小麦产业结构调整（附录3）。

第二节 政策建议

一、优化小麦国际贸易布局

（一）稳定中国粮食进出口政策

随着国内外小麦市场联动性增强，国际小麦市场波动对国内市场的冲击日渐显现。应持续稳定小麦进出口配额制度，严格进口检疫检验等相关进出口政策，缓解国际市场的冲击。

（二）推动小麦进口渠道多元化

以俄罗斯、乌克兰和白俄罗斯等国家为代表的黑海地区是全球新兴粮食产区，以哈萨克斯坦等为代表的中亚地区是传统的农产品出口地区，应积极推进"一带一路"粮食走廊建设，扩大从俄罗斯、乌克兰、哈萨克斯坦等国家的小麦进口规模，并积极与其开展农业投资、科技合作，推动其地区的小麦标准化生产和品种品质升级，以更好地在中长期与中国小麦市场需求相契合。

二、优化生产要素投入结构

（一）增加机械投入，提高农业机械化水平

机械替代是减少劳动投入、提高生产效率最为有效的手段，与其他小麦主产国相比，中国小麦种植规模小而分散，导致农业机械化程度较低。一是完善农机补贴运行机制。支持农户以旧农机换取新农机，同时及时扩大对新型农具的补贴范围，满足农户对新型农具的需求。给予产学研相关部门技术研发补贴，加强农机的改良和创新。增加节水灌溉、高效施肥等绿色发展方式农机的补贴。二是提升农机装备研发应用水平。针对生产实际需求，研发出数字化、智能化、适应不同生产环节要求的机械装备，确保机械装备的适用性和可靠

性，重点是大马力CVT拖拉机，200马力以上、10kg/s以上大型智能化收获机械，高端精量播种机等。在主产区开展农机装备现场演示、地头展示等示范推广活动，推动新机具新装备示范应用。三是推广粮食产后减损机械装备。提高收割、运输、储藏等环节机械化、数字化水平，将损失监测、品质监测融入收获机械系统中，优化脱粒、分离、清选能力，提升机收减损性能。推广粮食节能烘干成套设备设施，增强产地烘干能力，促进适期收获，推动产后全过程、系统化节粮减损。

（二）减少化肥农药使用量，提升化肥农药使用效率

化肥农药等的过度使用将直接影响农产品生产成本和可持续发展，增加化肥农药投入不利于小麦国际竞争力的提升，因此关键在于采取质量取代数量的策略提升化肥农药使用效率，实现减量增效。一是加大科研创新力度。强化产学研合作，研发和推广环保高效的新型绿色化肥农药。二是改进化肥农药使用方法，大力推进病虫害绿色防控和统防统治。推广测土配方施肥技术和机械深施、水肥一体化等节肥技术；大力推进绿色防控和精准科学用药，推广高效植保药械，推行达标防治、对症用药、适时适量用药。三是加强宣传引导，提升科学施肥用药水平。因地制宜，分区域组织编制化肥农药减量技术方案和化肥农药科学使用手册，指导农民和合作社掌握化肥农药减量的关键技术，避免过量、盲目施肥用药。四是调整化肥农药产品投入结构，支持应用绿色生资。着力发展生物肥、生化有机肥和农家肥，鼓励生产企业和农户创造农家肥、堆沤肥、扩大绿肥种植面积和提高秸秆过腹还田比例；依托农作物有害生物监测与防控项目，大力推广生物防治、物理防治等绿色防控技术。五是政策引领农业绿色发展。坚持绿色兴农、质量兴农理念，着力提高农业可持续发展水平，积极推动落实《全国农业可持续发展规划（2015—2030年）》《"十四五"全国农业绿色发展规划》《"十四五"全国农产品质量安全提升规划》《农业农村部关于实施农产品"三品一标"四大行动的通知》《关于推进金融支持农业绿色发展工作的通知》等行动规划，大力发展绿色农业、有机农业以及绿色食品、有机食品、地理标志农产品。

(三）加大人力资本投入力度，提高劳动生产效率

人力资本是提高劳动生产效率、驱动农业农村现代化发展的核心动能。一是要加强职业教育，培养农业生产经营人才。以产业发展为立足点，以生产技能和经营管理水平提升为两条主线，充分利用农业职业学校、农机推广机构等组织，加强区域性职业农民和职业经理人培训学校的建设，定期组织农户学习先进有效的技术及管理方法，引导农户参与田间实验，面对面进行技术指导，帮助农户科学选种、灌溉、施肥、防虫等；政府部门则强化规范管理、政策扶持和跟踪服务。二是培养和引进农业农村科技人才。加快布局建设一批具有适应性、引领性的新农科专业，加快培养急需紧缺农业人才，提升服务国家重大战略需求和区域经济社会发展能力。三是提高农村基础教育水平，提高劳动者的整体素质。政府应继续加大投入，建立健全农村基础教育经费保障机制，加强乡村学校基础设施、配套设备和师资队伍的建设，提高农村教育质量。

三、提高农业科研投入效益

科研投入一定程度上可以降低生产成本增加带来的负面影响，增强国际竞争力，但单依靠科研投入来调节生产成本上升带来的负面影响作用较弱，因此在加大科研投入的基础上，仍需考虑科研投入效益，落实科研成果，将科研成果与实际应用对接，有效利用农业科研投入。一是加强实用性人才、技术推广人才队伍建设，加强科技成果转化推广和应用，让更多的农民、新型经营主体享受到农业科技发展的新成果。二是建立健全农业科研投入效益评价体系，合理评价科研投入产出比和相关科研机构的科研效率。三是深化科技体制改革，去行政化、强市场导向，更好地利用市场机制配置科研资源，确保科研投入的针对性、及时性、有效性。

四、健全和完善市场信息系统

完善的市场信息系统是小麦生产经营者根据市场需求进行正确生产经营决策的依据，是克服小麦因生产周期长而导致的市场供求和价格波动影响的有效途径。一个完整的信息系统是由信息源、信息渠道、信息传播方式和信息接受

者组合形成的一个错综复杂的网络系统。

目前中国农业及小麦的市场信息系统有了很大程度的改善，信息化程度不断提高，但中国农业及小麦的市场信息系统建设仍存在许多问题，当前中国的农业信息服务体系中存在农业信息采集标准化程度低，对农业信息体系内部各信息采集渠道缺乏合理的整合与规范等问题，影响信息的准确性、权威性，同时，在内容上为领导服务的信息较多，而指导农民生产、真正适用于农业的信息较少；直观反映的信息较多，有分析、协助领导决策和农民生产经营决策的信息较少。虽然中国农业小麦市场信息系统有了很大发展，但农业信息化的普及程度仍比较低，农业信息网站建设存在总体规模较小、地域分布不平衡、信息的标准化和时效性较差、信息的开放性和共享程度低等问题。再加上中国的农业生产者规模小、经营分散、文化程度较低、缺乏小麦种植者自己的协会组织等原因，使政府信息和其他市场信息很难及时迅速地传递到生产经营者，导致农户的信息化程度相当低。

多数发达国家在充分发挥市场机制作用的基础上，十分重视建立健全和完善的市场信息系统，向生产经营者提供国内外市场信息，帮助生产经营者根据市场需求进行生产经营决策，并通过支持和引导市场主体来尽力减缓市场波动的不利影响。在建立健全和完善的市场信息系统基础上，尤其重视政府信息源与生产经营者之间的衔接。例如美国农业部的信息网不仅提供国内各种小麦市场供求信息，也对全球以及主要进出口国的小麦市场供求进行跟踪研究并不断发布信息，目前已经成为世界小麦市场信息的重要来源。另外主要小麦出口国都设立有小麦专业协会或专业组织，如美国小麦协会、加拿大小麦局、加拿大小麦协会以及澳大利亚小麦协会，对全球小麦市场进行监测和预测，并及时地将市场信息反馈给生产者和经营者，把对组织成员的信息服务作为一项非常重要的工作。因此，通常政府服务体系健全和产业组织化程度高，市场信息系统也都比较完善，也能适应小麦生产经营者的需要（孟丽，2004）。

五、提高产业化经营水平

（一）构建产业联合体，强化一二三产融合发展

加强引进、培育和扶持大型小麦加工企业，形成较强的高品质面粉生产和

有效供给能力，满足食品加工企业对原料面粉的品质要求，保障产业链后端形成较强的增值能力（李兴起等，2005）。发展农业产业化要不断提升农业产业的科技含量，鼓励企业创新，并且在发展创新中形成农业、产品的核心竞争力，核心竞争力反过来又推动产业链其他企业的更好发展（马飞峰，2016）。鼓励面粉加工、主食加工企业到粮食主产区开展供产销衔接；支持有实力的龙头企业实行优质小麦种植、仓储、面粉生产和食品加工、物流和市场营销服务一体化经营，充分发挥加工企业的产业引擎作用，构建产业联合体，将工业化和商业化的管理理念和技术手段应用到农业，增加小麦产业附加值（刘锐等，2021）。

（二）适度规模化经营，实现集约化、标准化、专业化生产

加强发展农业专业合作组织或新型农业经营主体，促进小麦产业规模化生产，并实施标准化、专业化种植。规模化经营，通过平整土地，可以增加种植面积，提高农机利用率；以规模论价，可降低农药化肥等农资费用，并提高售粮议价能力；对小麦品种、种植、管理、仓储、运输、销售等各环节进行统一管理，可实现小麦品种品质稳定统一，提高品质竞争力。同时应注意根据农业合作组织的管理水平、经营水平和技术水平，控制适度规模，不易盲目扩大。尤其应注重加强人才队伍建设，提高经营管理水平和专业化程度，及时跟踪产业信息和市场需求，据此选择生产品种、优化生产布局、拓展销售渠道，实现盈利和可持续发展。

六、构建系统全面的小麦质量评价体系和分类分级标准

完善的小麦质量评价体系，要体现一定的层次性、系统性和完整性，应综合农艺品质、数量品质、营养品质、商品品质、加工品质、食品品质等多单元评价内容，完善相应的指标项目和评价方法，根据品种满足的产业需求及程度制定其分类和等级标准。评价的技术内容和标准要综合考虑小麦品种的通用性与专用性，评价方法和指标要对标和参考国际相关标准，评价体系的构建要充分借鉴美国、加拿大、澳大利亚等世界主要小麦出口国的现有体系和发展思路。农艺品质主要包括有丰产性、稳产性、抗病性、抗逆性、稳定性等；数量

品质即是产量；营养品质包括蛋白质、脂肪、维生素、矿物质及其他功能活性物质的含量等；商品品质主要包括水分、杂质、不完善粒、色泽、容重等；加工品质又可以分为一次加工品质和二次加工品质，其中一次加工品质又称为制粉品质，包括容重、籽粒硬度、出粉率、面粉白度和灰分含量、加工能耗等，二次加工品质即食品加工适用性，包括面粉品质、面团流变学特性、发酵特性、烘焙品质、蒸煮品质、食品制作过程操作适宜性等；终端食品品质主要包括面制食品的色泽、风味、口感等。目前我国相关标准中评价小麦加工品质，主要是采用湿面筋含量和面团稳定时间，指标较为单一，且粉质仪、拉伸仪等仪器主要是国外为评价面包专用小麦或小麦粉而开发，应用这些仪器和指标来分析判断小麦是否适合加工中式面制食品，其有效性和适宜性有待商榷。关于何种仪器及检测指标可以反映出小麦加工中式面制食品的适用性，以及如何根据消费需求，科学规范地评价中式面制食品的质量，是完善小麦品质综合评价体系的重点和难点。

七、完善农业补贴和农业保险政策

一是拓宽农业补贴资金来源，推进各类资金形成合力。应在适度加大国家财政投入力度的同时，鼓励、支持、引导民间组织及社会资本积极参与，构建多元化农业补贴资金来源体系。二是优化农业补贴方式及标准，提高补贴效率和精准性。扩大农业补贴发放对象，加强补贴针对性，应按照"谁种田、谁产粮、谁受益"的原则，加大对种粮大户、家庭农场、种植合作社的补贴，并依据规模化程度分级补贴和奖励。应根据地域和环境差异，对更适合于本地播种的优质品种及适合当地地块的机械设备，加大补贴力度。三是扩大试点完全成本保险和收入保险。完全成本保险和收入保险，不仅可抵御自然灾害风险，还可抵御价格波动风险，如果出现粮食收益低于成本的情况，完全成本保险可以保证不会亏本，而收入保险还可以保证农户有一定的收益，赔付标准比较高。为增强试点险种的吸引力，可适当加大财政补贴力度，降低农户自交保费比例，可根据农户类型、规模等分级设置自交保费比例。

八、完善最低收购价政策，推进小麦收储市场化改革

为促进小麦价格由市场形成、有效反映市场供需，适当限定最低收购价政策的实施区域和收购数量，合理确定最低收购价格，定价时重点依据粮食生产成本，促使托市收储政策回归托底功能，按照价补分离原则，退出政策的增收功能，突出兜底线、稳预期的政策定位。提高最低收购价小麦的质量标准，引导地方政府和农户重视粮食质量。强化对最低收购价政策执行主体和过程的监督管理，对不严格执行收购标准、拒收合格粮食等损害农民或国家利益和破坏市场秩序的行为，要依法严厉查处。

参考文献

澳大利亚粮食出口创新中心，2020-3-10. 澳大利亚小麦信息手册[EB/OL]. http://www. aegic. org. au/Australian-grains/wheat/.

澳大利亚粮食贸易，2019—2020，小麦贸易标准[S/OL]. http://www. graintrade. org. au/commodity_standards/.

澳大利亚小麦质量局，澳大利亚小麦对照品种[EB/OL]. https://wheatquality. com. au/classification/how-it-works/control-varieties/control-variety-noodles/#/.

澳大利亚小麦质量局，澳大利亚小麦分类[EB/OL]. https://wheatquality. com. au/classification/how-it-works/classes/.

曹慧，张玉梅，孙昊，2017. 粮食最低收购价政策改革思路与影响分析[J]. 中国农村经济（11）：35-48.

陈红敏，2012. 欧盟粮食补贴政策及其对中国启示的研究[D]. 上海：华东政法大学.

崔奇峰，普蕻喆，王国刚，等，2020. 疫情冲击下多国粮食出口限制与我国粮食安全[J]. 中州学刊（4）：20-26.

杜艳艳，2014. 2014年美国农业法案的主要政策变化及其影响[J]. 世界农业（12）：75-79.

冯继康，2017. 美国农业补贴政策：历史演变与发展走势[J]. 中国农村经济（3）：73-78，80.

郭伦，2019. 劳动力成本上升对我国农产品国际竞争力的影响研究[D]. 武汉：华中农业大学.

国家发展和改革委员会价格司，2019. 全国农产品成本收益资料汇编[M]. 北京：中国统计出版社.

国家统计局国民经济综合统计司，1999. 新中国五十年统计资料汇编[M]. 北京：中国统计出版社.

何学松，陆迁，2005. 区域专业化提升农产品竞争力的机制探讨[J]. 农业现代化研究（5）：362-365.

何中虎，庄巧生，程顺和，等，2018. 中国小麦产业发展与科技进步[J]. 农学学报，8（1）：99-106.

洪宇，孙辉，常柳，等，2022. 2020年我国小麦品质分析[J]. 粮油食品科技，30（1）：87-92.

胡学旭，王步军，2019. 2019年中国小麦质量报告[M]. 北京：中国农业科学技术出版社.

黄勇峰，任若恩，2002. 中美两国制造业全要素生产率比较研究[J]. 经济学（季刊），2（1）：20.

姜长云，王一杰，2019. 新中国成立70年来我国推进粮食安全的成就、经验与思考[J]. 农业经济问题（10）：10-23.

亢霞，2014. 欧盟粮食支持政策演变及趋势[J]. 农村财政与财务（5）：62-64.

冷淑莲，2003. 粮食价格政策的演变与其存在的主要问题[J]. 粮食问题研究（6）：22-26.

李登旺，仇焕广，吕亚荣，等，2015. 欧美农业补贴政策改革的新动态及其对我国的启示[J]. 中国软科学（8）：12-21.

李嘉图，2005. 政治经济学及赋税原理[M]. 北京：华夏出版社.

李兴起，党增青，赵玉祥，等，2005. 开封市小麦产业链的研究与发展策略[J]. 食品科学，26（增刊）：211-212.

刘锐，刘晶晶，王旭琳，等，2021. 安徽省亳州市小麦产业现状与发展策略研究[J]. 中国农业资源与区划（10）：138-144.

刘锐，吴桂玲，刘晶晶，等，2020. 质量评价体系在小麦产业链融合发展中的作用[J]. 麦类作物学报，40（12）：1544-1547.

刘锐，吴桂玲，孙君茂，等，2018. 小麦产业化经营模式分析与展望——基于河南省淮滨县的调研[J]. 农业展望，14（10）：32-36.

刘田田，2017. 影响我国小麦价格波动的政策因素研究[D]. 大连：东北财经大学.

马飞峰，2016. 加快建设现代农业产业化集群研究. 中国农业资源与区划，37

（3）：191-194.

孟丽，2004. 中国小麦国际竞争力研究[D]. 北京：中国农业大学.

农业农村部市场预警专家委员会，2021. 中国农业展望报告（2021—2030）[M]. 北京：中国农业科学技术出版社：31-37.

欧阳妹虹，段晓亮，王正友，等，2018. APEC经济体小麦质量标准的比较研究[J]. 粮油食品科技（26）：1-6.

彭超，2019. 美国新农业法案的主要内容、国内争议与借鉴意义[J]. 世界农业（1）：6-18, 28.

邱泽森，李旭，2001. 澳大利亚的小麦（上）[J]. 世界农业（1）：24-25, 33.

邱泽森，李旭，2001. 澳大利亚的小麦（下）[J]. 世界农业（2）：33-34, 37.

邵润堂，张华，1999. 比较优势、竞争优势及国际竞争力[J]. 经济问题（4）：9-11.

帅传敏，程国强，张金隆，2013. 中国农产品国际竞争力的估计[J]. 管理世界（1）：97-104.

王步军，2017. 2017年中国小麦质量报告[M]. 北京：中国农业科学技术出版社.

王步军，2018. 2018年中国小麦质量报告[M]. 北京：中国农业科学技术出版社.

王大为，蒋和平，2016. 我国粮食安全与粮食价格关系研究——以小麦为视角[J]. 天津商业大学学报，36（6）：3-10.

王一杰，辛岭，胡志全，等，2018. 我国小麦生产、消费和贸易的现状分析[J]. 中国农业资源与区划，39（5）：36-45.

王旭琳，刘锐，吴桂玲，等，2021. 澳大利亚小麦品质分类标准概述[J]. 麦类作物学报，41（1）：44-49.

王勇，2014. 美国农业政策的特点及启示[J]. 经济纵横（12）：87-90.

魏益民，张波，关二旗，等，2013. 中国冬小麦品质改良研究进展[J]. 中国农业科学，46（20）：4189-4196.

魏益民，张波，张影全，等，2013. 关于小麦籽粒质量标准的讨论[J]. 麦类作物学报，33（3）：608-612.

魏益民，2017. 黄淮冬麦区小麦籽粒质量研究报告[M]. 北京：科学出版社.

魏益民，2016-06-14. 实现小麦产品有效供给关键在于"结构"[N]. 农民日报（005）.

翁鸣，2003. 中国农产品质量与国际竞争力[J]. 中国农村经济（4）：20-26.

吴微，2015. 中国小麦国际贸易情况与竞争力分析[D]. 天津：天津财经大学.

夏仲明，2008. 三十年粮改的回顾与思考[J]. 粮食问题研究（4）：44-48.

谢兰兰，陈东升，2018. 加拿大的农业支持政策：水平与实施效果评价[J]. 现代管理科学（5）：115-117.

谢汶莉，李强，2015. 中国与TPP核心国农产品国际竞争力的比较[J]. 国际贸易问题（7）：35-46.

兴庆，1998. 论新一轮粮改[J]. 管理世界（6）：161-167.

徐毅，2012. 欧盟共同农业政策改革与绩效研究[D]. 武汉：武汉大学.

徐羽，辛良杰，2020. 中国粮食生产的国际竞争力研究[J]. 生态与农村环境学报，36（10）：1243-1250.

亚当·斯密，1981. 国民财富的性质和原因研究[M]. 北京：商务印书馆.

杨振，韩磊，2020. 美国粮食产业支持政策转型的制度路径与经验启示[J]. 世界农业（7）：25-31，114.

姚今观，纪良纲，1995. 中国农产品流通体制与价格制度[M]. 北京：中国市场出版社.

张继钢，2009. 我国粮食价格形成机制研究[D]. 北京：北京邮电大学.

张丽君，喻芬芬，2019. 中国与丝绸之路沿线国家农产品国际竞争力研究——基于跨国动态面板数据[J]. 宏观经济研究（1）：49-64.

张利庠，陈秀兰，2014. 我国小麦价格变动特点分析[J]. 农业技术经济（5）：73-80.

张露，罗必良，2020. 贸易风险、农产品竞争与国家农业安全观重构[J]. 改革（5）：25-33.

张影全，唐娜，张波，等，2018. 冀南地区小麦籽粒品质现状及利用潜力分析[J]. 麦类作物学报，38（2）：157-163.

张影全，张波，关二旗，等，2016. 豫北地区小麦籽粒质量及其加工利用潜力研究[J]. 中国粮油学报，31（8）：6-12.

赵东麟，桑百川，2016. 入世十五年中国产业国际竞争力变动趋势分析[J]. 国际经贸探索（11）：4-15.

郑风田，普蓂喆，2019. 反思政策性粮食储备体系：目标分解与制度重构[J]. 中州学刊（11）：42-48.

郑文倩，2016. 我国小麦价格形成机制及波动特征分析[D]. 北京：中国农业科学院.

钟钰，陈博文，王立鹤，等，2015. 我国粮食进口对国际粮价的影响："大国效应"的验证——以三大主粮为例[J]. 中国农业大学学报（社会科学版）（6）：119-125.

朱红彩，黄金华，马海涛，等，2022. 河南省小麦新品种品质性状分析[J]. 粮油食品科技，30（1）：87-92.

朱行，2016. 澳大利亚小麦的生产加工与出口[J]. 现代面粉工业，30（1）：42-43.

朱雪连，2012. 上海劳动力成本的变动趋势及影响[D]. 上海：上海社会科学院.

CROSBIE G B, LAMBE W J, TSUTSUI H, et al., 1992. Future evaluation of the flour swelling volume test for identifying wheats potentially suitable for Japanese noodles[J]. Journal of Cereal Science, 3（15）：271-280.

O'DONNELL C, 2012. Nonparametric Estimates of the Components of Productivity and Profitability Change in U. S. Agriculture[J]. American Journal of Agricultural Economics（94）：873.

Organization for economic co-operation and development（OECD），2008. Agricultural policy in OECD countries：at a glance[R]. Paris：OECD, 62-64.

Organization for economic co-operation and development（OECD），2013. Agricultural policy monitoring and evaluation 2013：OECD countries and emerging economies[R]. Paris：OECD, 97-105.

SKOGSTAD G, 2008. Canadian agricultural programs and paradigms：The influence of international trade agreements and domestic factors [J]. Canadian Journal of Agricultural Economics（56）：493-507.

SMITH S C, 1993. The competitive advantage of nations[J]. Journal of development economics（2）：383-400.

附表

附表1　2013—2018年中国小麦各项生产成本组成

项目	单位	2013年	2014年	2015年	2016年	2017年	2018年
一、每亩物质与服务费用	元	417.08	419.03	420.23	434.60	438.65	450.25
（一）直接费用	元	407.31	409.67	410.36	424.00	427.80	438.94
1. 种子费	元	59.51	63.97	66.11	68.16	70.66	70.72
2. 化肥费	元	156.98	145.93	143.10	140.78	140.43	148.56
3. 农家肥费	元	13.23	13.19	12.85	20.00	22.53	22.86
4. 农药费	元	17.13	17.48	19.67	20.94	22.31	23.39
5. 农膜费	元	0.02					
6. 租赁作业费	元	154.95	163.61	163.06	168.47	166.31	167.83
机械作业费	元	119.62	126.60	131.13	133.16	135.75	138.29
排灌费	元	32.27	34.53	29.51	32.84	28.82	28.51
其中：水费	元	5.83	6.05	5.55	5.94	5.83	5.73
畜力费	元	3.06	2.48	2.42	2.47	1.74	1.03
7. 燃料动力费	元	0.70	0.68	0.90	0.85	0.82	1.00
8. 技术服务费	元	0.01		0.01	0.01	0.01	0.01
9. 工具材料费	元	3.31	3.35	3.24	3.43	3.42	3.32
10. 修理维护费	元	1.47	1.46	1.42	1.35	1.30	1.25
11. 其他直接费用	元				0.01	0.01	
（二）间接费用	元	9.77	9.36	9.87	10.60	10.85	11.31
1. 固定资产折旧	元	3.66	3.59	3.48	3.54	3.47	3.33
2. 保险费	元	4.40	4.41	4.97	5.75	6.10	7.02
3. 管理费	元	0.43	0.33	0.28	0.20	0.17	0.02
4. 财务费	元	0.03	0.04	0.04	0.02	0.02	0.08

（续表）

项目	单位	2013年	2014年	2015年	2016年	2017年	2018年
5. 销售费	元	1.25	0.99	1.10	1.09	1.09	0.86
二、每亩人工成本	元	343.78	364.77	364.39	370.99	361.87	350.76
1. 家庭用工折价	元	333.54	353.70	352.40	358.81	348.02	337.01
家庭用工天数	日	4.91	4.75	4.52	4.41	4.19	3.97
劳动日工价	元	68.00	74.40	78.00	81.40	83.10	84.89
2. 雇工费用	元	10.24	11.07	11.99	12.18	13.85	13.75
雇工天数	日	0.13	0.12	0.13	0.13	0.15	0.14
雇工工价	元	81.93	94.60	92.93	93.69	92.33	98.21
三、附							
1. 每亩种子用量	千克	15.65	15.75	15.85	16.15	16.30	16.48
2. 每亩化肥用量	千克	25.39	27.01	27.05	27.35	27.67	27.41

资料来源：《全国农产品成本收益资料汇编》。

附表2　2013—2018年美国小麦各项生产成本组成　　　　单位：元、千克

项目	2013年	2014年	2015年	2016年	2017年	2018年
每亩						
主产品产量	174.42	165.45	179.35	228.67	183.83	192.80
产值合计	292.30	250.38	219.54	228.04	226.17	250.47
主产品产值	281.25	240.38	210.20	218.39	216.30	240.40
副产品产值	11.04	10.00	9.34	9.65	9.87	10.07
总成本	318.20	318.71	317.61	328.11	336.54	335.86
（一）运营成本	130.68	128.04	118.34	117.92	119.05	118.23
1. 种子费	16.38	16.00	15.47	15.60	15.32	16.44
2. 肥料费	47.06	44.20	41.16	37.39	34.38	32.40
3. 农药费	14.50	15.05	14.75	16.29	16.37	15.98

（续表）

项目	2013年	2014年	2015年	2016年	2017年	2018年
4.作业费	10.80	10.95	11.39	12.12	12.62	12.22
5.燃料动力费	19.76	19.41	12.76	11.92	14.44	14.43
6.修理费	21.49	21.75	22.05	23.57	24.52	24.76
7.排灌费	0.63	0.63	0.67	0.75	0.78	0.77
8.利息	0.06	0.04	0.10	0.27	0.62	1.22
（二）间接费用	187.52	190.67	199.27	210.18	217.49	217.63
1.雇工费用	2.22	2.23	2.34	2.61	2.78	2.87
2.家庭劳动机会成本	17.73	17.78	18.67	20.63	21.60	22.35
3.固定资产折旧	84.60	86.72	90.99	97.78	101.88	100.90
4.土地机会成本	64.96	65.81	67.73	68.80	70.15	70.33
5.税金与保险费	6.60	6.68	7.96	7.92	8.19	8.10
6.管理费	11.40	11.46	11.58	12.44	12.89	13.09
净利润	-25.90	-68.33	-98.07	-100.07	-110.38	-85.39
现金成本	235.51	235.12	231.21	238.68	244.79	243.19
现金收益	56.79	15.26	-11.67	-10.64	-18.62	7.28
每50千克主产品						
平均出售价格	80.63	72.64	58.60	47.75	58.83	62.34
总成本	91.22	96.32	88.55	71.74	91.54	87.10
现金成本	67.51	71.06	64.46	52.19	66.58	63.07

资料来源：《全国农产品成本收益资料汇编》。

附录1　我国小麦生产效益提升的产业化经营模式研究

摘　要：通过分析我国小麦生产效益现状及存在问题，确定了小麦生产高投入、高产出、低收益是困扰我国小麦产业可持续发展的主要问题。小麦生产成本持续增高、产业链后端消费对前端优质小麦生产的市场拉动力不足是导致效益低的两个主要原因。通过调研主产区的先进模式和经验，剖析3种经营模式的运行机制和特征，总结提升我国小麦生产效益的产业化经营模式。并提出"适度规模化经营""构建产业联合体""发展种养循环农业""科技支撑良种良法、优质优价""提高普惠式补贴水平和针对性"等政策建议。

关键词：产业化经营；一二三产融合；循环农业；优质优价；良种良法

小麦是全球广泛种植的重要粮食作物，对于全球粮食安全具有重要的保障作用。我国小麦生产、消费和进口量居世界前列，2019—2020年小麦收获面积占世界小麦收获面积11%左右，在世界排名第4；产量占18%左右，仅次于欧盟。我国小麦生产特征明显，主要表现为高投入、高产出、低收益。2005—2019年，我国小麦生产总成本大幅度上升，从5 844.15元/hm²上升至15 433.65元/hm²，年均增速7.3%。而亩均净利润整体呈大幅下降趋势，2019年小麦净利润仅226.2元/hm²[1]。提高小麦生产效益，对于农业增效、农民增收、保障国家粮食安全和农业可持续发展至关重要。

一、我国小麦生产效益较低的原因分析

（一）小麦生产成本持续增高

我国小麦生产总成本包括人工、土地、物质与服务等费用。人工成本包括

家庭用工折价和雇工费用；土地成本包括流转地租金和自营地折租；物质与服务费用细分为直接和间接两部分费用，其中直接成本则是指包括化肥、农药等在内的种植小麦直接产生的费用，而间接费用则是指包括维修、技术服务、燃料等间接产生的费用。2005—2019年，我国小麦生产总成本涨幅高达164%，年均增速7.3%[1]。2019年我国小麦生产总成本涨至近美国3倍，其中，我国小麦生产成本中，人工成本占比最高，为33.1%，远高于美国6.5%的人工成本占比。我国化肥投入量分别是俄罗斯、美国的16.9倍、2.7倍，农药投入量分别是俄罗斯、美国的21.1倍、5.1倍[2]。综合来看，虽然我国小麦产量较高，但人工和生产物资投入水平高、化肥、农药利用率低、生产总成本高。

（二）产业链后端消费对优质小麦生产的市场拉动力不足

2020年我国小麦消费总量13 838万吨，其中口粮消费9 110万吨，占65.8%[3]。小麦产业链长，终端产品种类多，消费路径复杂，消费末端的品质需求和效益较难传递至前端的农业生产和农产品初加工，突出表现在我国面粉企业规模不断扩大、行业集中度不断提高，但技术和管理水平普遍较低，同质化竞争现象严重，面粉产品结构单一，产品附加值低，对优质原料的采购和使用能力显著不足。反观澳大利亚，每年生产约2 500万吨小麦，其中65%～75%的小麦出口到全球50多个国家，占全球小麦年出口量的10%～15%。澳大利亚以市场需求为导向建立小麦分类体系和培育小麦新品种，按用途分为多用途小麦和专用小麦两大类，其中面条小麦（ANW）是为了满足日本乌冬面的特定质量要求，包括面粉颜色、面团色泽稳定性和口感等，专门对标准白麦（ASW）进行改良，单独形成的一类面条小麦，大量出口日本、韩国，出口离岸价格每吨超过300美元，与澳大利亚用于面包烘焙食品的硬麦（AH）、优质硬麦（APH）、优质白麦（APW）等优质强筋小麦价格相当，实现了面条小麦的专用专供、优质优价[4]。这是通过高品质消费拉动优质小麦的产业化生产经营的典型案例。

二、提升小麦生产效益的产业化经营模式分析

（一）理论逻辑

提高小麦生产效益有三个实现方向。一是降低生产成本。对粮食内部各生

产要素如土地、劳动力、资金、技术等投入量进行优化配置和集约化管理。二是增加产量。通过良种良法、标准化种植提高单产水平；规模化连片种植增加生产面积；通过机械化收储减少产后损失。三是提高销售价格。根据加工企业需求，订单生产优质专用小麦，以质论价，实现优质优价。

农业产业化经营是以市场为导向，以效益为中心，依靠农业专业服务和质量管理，形成系列化和品牌化的经营方式和组织形式[5]。我国部分地区或龙头企业已成功探索了新型农业产业化经营模式，促进农业发展提质增效。横向维度方面，通过农业合作社和政府引导，扩大规模化、标准化种植，实现高质量和低成本。纵向维度方面，以加工企业为主导，促进一二三产业融合，提高全产业链效益。

（二）产业化经营模式

1. 以新型经营主体为主导的"适度规模种养循环"发展模式

通过布局适度规模的种养循环农场，猪粮结合，优化生产经营结构，降低生产成本，提高综合收益，实现绿色发展。山东鲁望农业发展集团按照"地上种粮—粮变饲料—饲料养殖—养殖产粪—粪肥还田—土壤改良—品质原粮"的种养循环产业模式，采用"211工程"（两口人，1 000亩地、10 000头猪）的运营方式，集中流转土地1 333.3hm^2，建立了20个种养循环农场；通过与中裕、中粮和中储粮等公司合作，建立粮食安全产业联合体，进行订单式种植。其中，通过地下管网系统将养殖粪污发酵处理后回归农田，肥料成本可降低30%；农资联合采购，每年肥料成本可节约300~750元/hm^2，农药成本可节约225~450元/hm^2，种子成本可节约120~180元/hm^2，农机作业成本可节约450元/hm^2；农机服务外包，以规模谈价，每公顷成本可节约450元以上；订单粮食溢价方面，以市场普麦为基准，根据订单品种和品质溢价，按照平均单产7 500kg/hm^{2}标准折算，每公顷小麦溢价300~1 800元；以市场普通玉米籽粒为基准，根据订单品种和品质溢价，按照平均单产9 000kg/hm^{2}标准折算，每公顷玉米溢价360~2 160元；因引入和推广标准化生产管理方式，粮食增产3%~5%。综合计算，每年每公顷净收益可增加3 000~5 250元。适度的经营规模，降低了管理和人力成本；独立经营核算的小农场和利益联结机制，提高了经营管理者的积极性和能动性；通过猪粮结合，缓冲市场波动，稳定和提升种养综合效益。

2. 以龙头加工企业为主导的"产加销一体化经营"发展模式

我国小麦产业链上、中、下游对产品质量的认知和把控的标准不一,无法形成以市场为导向,满足终端消费者需求的产品[6]。因此通过质量标准打通小麦产业链的各环节就显得尤为重要。具体实现路径可由龙头加工企业带动或地方政府引导,通过平台搭建、资源整合将小麦一二三产深度融合,实现生产加工与市场需求对接,提高农产品附加值。

以龙头企业为主导,以加工为核心,实现"产加销"(种植贮藏、面粉加工、食品制造、物流销售等)一体化发展,促进"麦、面、食"融合,降低生产成本,实现粮食优质优价,抵抗市场价格风险能力强。金沙河集团为保障优质原粮供给,成立农业专业种植合作社,流转土地2 000hm²,涉及河北省邢台市南和县6个乡镇30个行政村6 696户土地承包农户,推行"六统一"(统一种植品种、统一采购生产物资、统一管理、统一培训、统一存储、统一销售)管理模式,实现规模化生产效益。统一采购生产物资,每年每公顷平均化肥、农药成本可节约1 950元左右;统一科学生产管理,减少化肥、农药、水的使用量(平均每公顷化肥使用量减少600kg、农药使用量减少10.5kg、节约用水1 500m³),每年每公顷平均物资费可节约2100元;统一进行粮食存储和运输,小麦、玉米平均单产均按9 000kg/hm²计算,每千克节约运费0.08元,每年平均可节约运费1 440元/hm²;每千克高于市场价0.2元出售,每年每公顷平均增收3 600元;合计每年每公顷增收约9 000元。合作社试点土地入股——股权联盟的模式,农户可以土地经营权入股,使得地租从固定成本转化为资本权益,从而降低了合作社的固定成本投入,增强其市场竞争力,同时农户以土地股权参与合作社的利润分配,能更大程度地分享土地的价值收益,如果出现亏损则全部由金沙河承担,农户仍旧享受全额的租金收入;此模式提高了农户收入和土地流转积极性。

金沙河集团一产合作社通过集约化种植降低了小麦生产成本,为加工企业提供优质的原料供给,提高了加工企业的产品质量和价值,相应地降低了企业的固定成本和流动成本;二产加工业通过提价收购小麦,增加小麦收益;三产物流、电子商务、全国经销公司以消费需求指导面粉和食品加工,发展工业旅游提高二产品牌知名度,一二三产融合发展,产业链各主体实现合作共赢。

3. 以地方政府为主导的"优质小麦三链同构"发展模式

以政府为引导,立足区域优势,加强科技支撑、产业链协作,构建优质小麦加工产业链、供应链、价值链(三链同构)。通过与江苏里下河农业科学院合作、信阳市农业科学院合作,淮滨县政府经过长期试验和分析研究,明确了当地不适宜种植强筋、中筋小麦,比较适合弱筋小麦的生长及内在品质形成,并通过构建"政府部门+农户(基地)+农业合作社+加工企业+科研单位+物流电商平台"六位一体产业化经营模式,形成"弱筋小麦—低筋面粉—烘焙食品"和"弱筋小麦—白酒酿造"加工产业链、供应链、价值链。淮滨县在小麦生产中突出"优质""专用",区域化规模化种植同一品种,统一供种,统一生产措施,进行专业化和标准化生产[7]。

2020年,淮滨县推广种植弱筋小麦达53 333 hm^2左右,投入资金1 700万元以上,一喷三防统防统治,统一招标采购弱筋小麦种子。麦播期间,推动县域内种业公司和粮食企业进行订单跟进,分别与种植基地、整村推进村、种粮大户等签订《订单协议》,明确产需双方权责;麦收时,要求责任主体企业入村设点收购,严禁打补白条,保障农民收益。淮滨县弱筋小麦生产平均可节本增收2 400~3 000元/hm^2。县里统防统治1~2遍,农药和人工成本每公顷可节约450~900元;按照每公顷225kg小麦种子进行补贴,每千克补贴2元,种子成本每公顷可节约450元;弱筋小麦减施氮肥或氮肥前移,肥料成本每公顷可节约300~450元;每公顷单产按6 000kg计算,责任主体企业每千克高出市场价0.2元收购,可增收1 200元。2021年,淮滨县弱筋小麦种植大户谢实营种植小麦140hm^2,品种为扬麦15,生产总成本11 550元/hm^2,平均单产7 252.5kg/hm^2,出售价格2.5元/kg左右,产值18 135元/hm^2,纯收益6 585元/hm^2。

三、提升小麦生产效益相关建议

农业服务平台、加工企业、地方政府等不同类型主体均是通过产业化经营提升了小麦生产效益。横向维度,发展合作社等新型经营主体,通过规模化、集约化种植,实现高产出、高质量和低成本;纵向维度,以加工企业为主导,小麦按加工需求种植,优质优价,三产融合,提高全产业链效益。

（一）根据管理、经营和技术水平，适度规模化经营

规模化经营，通过平整土地，可以增加种植面积，提高农机利用率；以规模谈价，可降低农药化肥等农资费用；亦可以实现品种品质统一管理，直接与加工企业对接，增强议价能力。至于规模化经营的"适度规模"，则取决于管理水平、经营水平和技术水平，因此人才队伍建设对于规模经营主体的盈利水平至关重要，建议加强区域性职业农民和职业经理人培训学校的建设。

（二）构建产业联合体，强化一二三产融合

加强引进、培育和扶持大型小麦加工企业，形成较强的高品质面粉生产和有效供给能力，满足食品加工企业对原料面粉的品质要求，保障产业链后端形成较强的增值能力[8]。发展农业产业化要不断提升农业产业的科技含量，鼓励企业创新，并且在发展创新中形成农业、产品的核心竞争力，核心竞争力反过来又推动产业链其他企业的更好发展[9]。鼓励面粉加工、主食加工企业到粮食主产区开展供产销衔接；支持有实力的龙头企业实行优质小麦种植、仓储、面粉生产和食品加工、物流和市场营销服务一体化经营，充分发挥加工企业的产业引擎作用，构建产业联合体，将工业化和商业化的管理理念和技术手段应用到农业，增加小麦产业附加值[10]。

（三）因地制宜，发展种养结合的循环农业

小麦可与养猪结合，按照"地上种粮—粮变饲料—饲料养殖—养殖产粪—粪肥还田—土壤改良—品质原粮"的循环产业模式，从而减少生产要素资源的闲置，促成生产成本的互补与分摊，有效增加产业附加值。

（四）加强科技支撑，实现良种良法和优质优价

建议地方政府联合企业、科研院校共同开展区域小麦品种、品质、加工应用性能等研究工作。因地制宜，选择适合区域气候环境的优质品种，并注重研发与优质品种相配套的先进栽培管理技术，实现良种良法，发挥优质品种的品质优势和增产潜力。组织摸清各地区农业资源优势和小麦品质特性，明确小麦加工用途和应用方向，通过专业推广营销，实现优质优价，提升综合效益。

（五）提高普惠式补贴水平，加强补贴针对性

现行的粮食补贴几乎被化肥等农资涨价抵消，建议提高普惠式补贴水平。另外鼓励规模化种植，应该加强补贴针对性，按照"谁种田、谁受益"的原则，加大对种粮大户、家庭农场、种植合作社的种粮补贴，依据规模化程度分级奖励和补贴。

参考文献

[1] 国家发展和改革委员会价格司. 全国农产品成本收益资料汇编. 中国统计出版社，2019.

[2] FAO国际粮农组织数据库.（2021-7-8）[2021-12-1]. https：//www.fao.org/faostat/zh/#data/EF.

[3] 农业农村部市场预警专家委员会. 中国农业展望报告. 中国农业科学技术出版社，2021.

[4] 王旭琳，刘锐，吴桂玲，等. 澳大利亚小麦品质分类标准概述. 麦类作物学报，2021（1）：44-49.

[5] 孟露露. 一二三产业融合视角下发展现代农业. 农业经济. 2017（5）：3-5.

[6] 刘锐，吴桂玲，刘晶晶，等. 质量评价体系在小麦产业链融合发展中的作用. 麦类作物学报，2020（12）：1544-1547.

[7] 刘锐，吴桂玲，孙君茂，等. 小麦产业化经营模式分析与展望——基于河南省淮滨县的调研. 农业展望，2018（10）：32-36.

[8] 李兴起，党增青，赵玉祥，等. 开封市小麦产业链的研究与发展策略. 食品科学，2005，26（增刊）：211-212.

[9] 马飞峰. 加快建设现代农业产业化集群研究. 中国农业资源与区划，2016（3）：191-194.

[10] 刘锐，刘晶晶，王旭琳，等. 安徽省亳州市小麦产业现状与发展策略研究. 中国农业资源与区划，2021（10）：138-144.

附录2　优质专用小麦产业发展模式研究

摘　要：发展优质专用小麦是我国调整小麦生产结构的重要途径，是解决我国小麦生产供给结构性过剩问题、促进小麦产业转型发展、提质增效的有效手段。本文介绍了我国优质专用小麦发展现状及存在问题，并根据实地调研山东德州市和滨州市优质专用小麦生产及产业发展情况，提出了"农业合作社+面粉企业+食品工厂/中央厨房+餐饮连锁/团餐"的优质专用小麦发展模式，以期充分发挥龙头企业带动作用，发展农业专业合作组织，构建产业联合体，推动优质专用小麦产业化经营及融合发展，解决我国优质专用小麦产业发展过程中出现的品种品质不符合加工企业和消费者需求、产业化发展程度不足、由于混收混储导致的优质小麦价格较低，无法激励农民种植优质小麦的积极性以及优质小麦一二三产融合程度低等问题。

关键词：优质专用小麦；产业现状；发展模式；产业联合体

我国是世界小麦生产和消费大国，小麦产业的稳定发展是我国农业持续稳定发展的关键。我国小麦生产供给现状为国内总产量和进口量持续增加，小麦产量高、库存高、进口量高，而加工企业缺少高品质优质小麦原料[1-2]。小麦生产供给的结构性过剩导致品种结构与食品工业/餐饮业发展需求的矛盾加剧，主要表现在市场上加工品质和营养品质一般的中筋小麦生产过剩，而硬质强筋的面包用小麦和软质弱筋的糕点用小麦供给不足[3-4]。为解决我国小麦生产供给结构性过剩的问题，亟待优化小麦生产结构，促进小麦产业转型发展、提质增效。本文论述了我国优质专用小麦产业发展现状和存在的问题，通过实地调查研究了山东德州和滨州的优质小麦发展现状和模式，对我国优质专用小麦产业发展模式进行了展望，并提出相关建议。

1 我国优质专用小麦产业发展现状

随着社会快速发展和生活水平不断提高,人们的消费观念逐渐转变,对食品的多样性、营养性、适口性和安全性提出了更高的要求,优质专用小麦的需求量也随之逐年增大。优质专用小麦是指具有优良加工品质和营养品质,适合加工各种食品专用小麦粉的小麦品种,如面包专用小麦、饼干专用小麦、面条专用小麦、馒头专用小麦等[5]。发展优质专用小麦,是推动农业和农村经济结构战略性调整的重要措施,是满足社会对食品多样化需求的必然选择,是增加农民收入的有效途径。

中国优质专用小麦品种选育始于20世纪70年代末80年代初,到90年代后期优质小麦品种得到了较好的推广,逐步改善中国小麦的品质结构。在品种选育的同时,优质小麦品质标准体系也不断完善,制定了《全国面包小麦品种品质标准》《面包用小麦粉品种烘焙品质检测程序》《全国饼干蛋糕用软质小麦品种标准》等[6]。为提升优质专用小麦品质并与国际标准接轨,使品种选育、流通收购、生产加工逐步达到规范化和标准化,制定并实施专用小麦品种品质(GB/T 17320—1998)、优质强筋小麦(GB/T 17892—1999)、优质弱筋小麦(GB/T 17893—1999)等国家标准。

小麦的品质不仅由品种本身的遗传特性决定,而且受气候、土壤、耕作方式、栽培管理措施等环境条件以及品种与环境间互作的影响,将不同品质小麦按区域划分,充分利用自然资源优势和品种的遗传潜力,是推动优质专用小麦发展的重要途径,也是实现小麦产业化经营的基础[7]。我国现在部分省市的重点区域已形成优质专用小麦的规模化生产,如河南新乡和安阳、河北藁城、山东德州和滨州等地区的强筋小麦生产,河南信阳、江苏长江中下游等地区的弱筋小麦生产。这些地区在积极探索优质小麦产业发展模式,其中以"订单模式"为主要代表,通过产销结合,把农业部门、加工企业与农民或合作社组成不同形式的联合体,使优质专用小麦生产逐步走向规模化和标准化。

2 我国优质专用小麦产业发展存在的问题

2.1 品种品质不符合加工企业和消费者需求

长期以来,为解决众多人口的温饱问题,我国把小麦育种与生产的目标定位在产量,小麦品种主要特征为高产稳产、抗病和抗逆,而脱离了加工和消费的实际需求，导致了我国小麦品种的品质普遍较差，从而形成了高产量、高库存量、高进口的供给现状。不同的食品需要不同品质的小麦，如加工面包需要选择硬质强筋小麦，加工面条需要延展性好的中强筋小麦，加工饼干需要软质弱筋小麦，而现阶段我国小麦主要以中筋为主，加工烘焙食品所需的强筋小麦或弱筋小麦都需要从国外进口进行配麦和配粉，完全使用国产优质小麦很难加工出高质量的烘焙专用粉。与进口强筋小麦相比，国产小麦的主要缺点是面筋质量差、稳定时间低、延伸性差。国内专用小麦供需矛盾突出，是制约产业下游专用面粉工业和面制食品工业产品创新升级的重要因素。

2.2 产业化经营程度不足

在农业供给侧结构性改革的推动下，我国优质专用小麦种植面积逐年增加，但是在大多数地区优质专用小麦生产还未形成区域化格局，主要生产方式仍以家庭分散经营为主，使现有优质专用小麦种植过于分散，面积较小，组织化程度偏低，难以实现单一品种区域化种植和规模化生产。由于产业化经营程度不足，难以实现统一品种、统一栽培、统一收获、统一仓储，且缺乏与品种配套的栽培技术，导致优质品种的产量潜力和品质特性无法完全发挥，且品质稳定性较国外优质小麦相差较大，严重影响下游食品质量及其稳定性，从而降低了国内优质小麦的市场竞争力和经济效益。优质小麦产业化经营是小麦产品优种、优质、优量、优价的重要保障，且能有效衔接其下游的面粉企业及面制品加工企业，增加订单农业履约率。

2.3 混收混储，优质不优价

由于农户生产组织化程度低，优势产区内个体差异大，很难做到统一收购和储存。"家庭种植—贸易商收购—国家储备"的小麦供销体系适合普通小麦，而优质专用小麦种植分散、面积过小，导致粮食收购部门为降低仓储成本也不愿将优质小麦专收专储，使优质小麦收购无法实现按品种和等级分类储存，从而失去使用价值和销售市场[8]。优质小麦混收混储，使专用小麦的品质潜力不能充分发挥，不能满足加工业对原料品质一致性和稳定性的要求，加上没有形成优质专用小麦销售的专业化平台和标准化体系，难以实现优质优价，农民收益得不到保障和提高，降低其种植优质小麦的积极性。

2.4 一二三产融合程度不足

我国小麦产业链中的育种、生产、加工、消费等环节脱节，一二三产融合程度较低。小麦产业链上游的育种者和种植者注重产量、抗性等，中游的面粉加工企业/食品加工企业注重色泽、稳定时间、拉伸面积等品质特性及其稳定性，下游的消费者注重食品外观、风味、口感等食用品质，小麦产业各链条单元对小麦品质需求的不一致性，是小麦产业链脱节、一二三产融合程度低的主要原因。小麦一二三产业融合程度不足，使真正满足加工企业和终端消费者需求的优质小麦品种在粮食流通市场上缺乏，优质专用小麦的生产和供应不能满足加工各类专用面粉或专用食品的需要，导致市场上出现普通小麦供过于求与优质专用小麦供不应求并存的现状。

3 德州优质专用小麦产业发展现状与模式

3.1 德州小麦生产与消费现状

德州市位于黄河下游冲击平原，黄河水浇灌便利，日照时间长，光照强度大，有利于小麦的生长。德州市小麦种植面积2017—2019年稳定在790万亩左右，其中2019年小麦种植面积784.9万亩，产量427万吨，占山东全省小麦总产量的1/6。德州市小麦主栽品种有济麦22、良星66、良星99、藁优5766、师栾02-1、济南17等。济麦22是德州小麦种植第一大品种，种植面积470.5万亩，占比达75.3%，中筋品种，特点是高产、稳产、高抗性；其次为良星系列，包括良星66、良星99等品种，种植面积117.6万亩，中筋品种，特点是高产、稳产、抗倒伏。

德州市小麦加工企业共56家，日加工小麦能力2.68万吨，年加工小麦能力669.7万吨。其中日加工小麦1 000吨以上的企业有8家，产能最大的是五得利集团禹城面粉公司，日处理小麦3 000吨；其次是发达面粉集团，日处理小麦2 300吨。2018年德州市面粉实际年产量合计296万吨，其中专用粉63万吨（占比21.3%），全麦粉46.2万吨（占比15.6%），食品工业用粉8万吨（占比2.7%），通用粉165.5万吨（占比55.9%），合计约消费420万吨小麦，基本与德州市小麦总产量持平。德州面制主食产品加工日产能243吨，其中馒头日产能165吨，挂面日产能75吨，其他主食日产能3吨。2018年面制主食实际年产量2万吨，其中馒头年产量1.6万吨（占比80%），挂面年产量0.4万吨（占比20%），合计约消费3万吨小麦。总体来看，德州小麦加工体系规模较大，产能充足，2018年仅口粮消费（制粉消费）即与当地小麦总产量持平；但下游食品加工企业数量较少、产能较小、且产品种类较单一。

3.2 德州优质专用小麦产业发展模式

生产优质专用小麦是小麦产业发展的重要趋势。近年来，德州市优质专用小麦生产面积不断扩大，2019年优质强筋专用小麦种植面积为63.1万亩，占全市小麦总种植面积的8%，年产量33.4万吨。生产面积最大的专用小麦品种为师栾02-1，为面包、面条优质强筋小麦品种，种植面积19.2万亩，亩单产541千克；其次为济南17，为面包、面条优质强筋小麦品种，种植面积10.5万亩，亩单产510千克。

"农业合作社+面粉企业"的发展模式有效推动了德州优质专用小麦的发展，发挥了农业合作社产业化经营的优势，满足了加工企业对高品质专用小麦的需求。五得利集团禹城面粉公司、发达面粉集团等制粉企业是当地小麦的主要消费方，这些企业在收购小麦时实行以质定价，并通过流转土地和订单种植的模式，推广种植企业生产所需要的优质小麦，强筋品种即以师栾02-1、济南17为主，从需求端有效推动了优质专用小麦产业化发展。农业专业合作社、家庭农场等新型农业经营主体具备专业的栽培管理、收储、烘干等能力，可实现小麦的规模化种植和产业化经营，开展订单生产、单收单储，小麦加工企业可直接与这些农业经营主体签订协议，收购所需的优质小麦品种。例如，山东鲁望农业发展集团在平原县流转了2万亩土地发展优质强筋小麦，品种统一为师栾02-1，生产的小麦直接供给滨州中裕食品公司和中粮集团，单价大约高于普通小麦价格的20%。这种"三产融入一产、服务二产"的优质小麦产业化模式，解决了优质小麦贸易（三产）的质量稳定性问题，为食品工业（二产）提供了优质原料，也为从事小麦生产的农民（一产）提供了生产资料、技术指导和产品市场。这些新型农业经营主体的发展，从生产供给端推动了优质专用小麦产业化发展。

4 滨州优质专用小麦产业发展现状与模式

4.1 滨州小麦生产与消费现状

滨州市位于黄河三角洲腹地，灌溉便利，大多数年份的气象条件有利于小麦生长。2019年滨州小麦种植面积414.3万亩，产量180万吨。滨州小麦主栽品种为济麦22、师栾02-1、鲁源502、济南17、烟农19、山农系列等，中筋品种济麦22种植面积最大，为118.6万亩，强筋品种师栾02-1种植面积54.5万亩，中筋品种鲁原502种植面积37.3万亩，其余中筋品种以山农系列种植面积较大。

滨州市小麦日加工量1 000吨以上的企业有中裕食品、玉杰面粉、龙凤面粉等。中裕食品公司的小麦年加工量为100万吨，其中包括40万吨优质强筋小麦；下游重点发展食品加工业和餐饮业，并开展小麦深加工（生产谷朊粉、食用酒精等），年加工挂面42万吨、面包5~6万吨、馒头1.5万吨。玉杰面粉公司的小麦年加工量约20万吨，其优质强筋小麦使用量占20%~30%，面粉产品中专用粉占比50%；下游发展挂面加工，年生产挂面4万吨。龙凤面粉公司日加工小麦能力为1 000吨，年加工小麦22万吨，其中优质强筋小麦占比25%左右；面粉产品主要供应当地学校、机关、社区的食堂，专用粉占比15%；下游发展挂面、馒头等主食加工，年生产挂面3万吨，日生产馒头45吨，在建的包子生产线设计产能为每日15万个。总体来看，滨州小麦加工能力充足，仅中裕、玉杰、龙凤3家企业的年加工小麦总量即达到142万吨，而当地小麦总产量才180万吨；面粉产品结构中专用粉比例较高，同时3家企业均向下游主食加工业延伸，加工挂面、馒头、面包等食品合计近60万吨，相当于消费约85万吨小麦。

4.2 滨州优质专用小麦产业发展模式

滨州市优质专用小麦的种植面积达到100万亩以上，占全市小麦总种植面积的25%。与德州市相比，虽然滨州小麦种植面积仅是德州的二分之一左右，但优质强筋专用小麦的种植面积（100万亩）明显高于德州市（63.1万亩）。强筋品种主要为师栾02-1、济南17、济麦44、藁优5766等，其中师栾02-1种植面积最大，达54.5万亩，亩单产500~600千克；其次为济南17，种植面积24.8万亩。济麦44于2019年开始种植但推广速度较快，主要具有高产、稳产的优势，面团稳定时间在25分钟左右，加工稳定性类似师栾02-1，面团吸水率与济南17相近，优于师栾02-1。阳信县是滨州优质专用小麦主要种植基地，阳信从1989年引进优质小麦品种PH-80-2-2后，一直积极推广优质小麦的种植，目前全县种植的小麦全部为优质专用小麦，品种有济南17、师栾02-1、济麦44、山农33/44等，当地还积极与山东农业大学等科研院校合作，推广和发展优质新品种小麦。

滨州市优质专用小麦产业呈现较好的发展现状和态势，优质强筋专用小麦的收购单价高于普通小麦0.3~0.4元/kg，农户种植优质小麦的积极性较高。主要是因为滨州小麦种植与加工业结合密切，以中裕、玉杰、龙凤等为代表的加工企业注重产业链的构建和发展，除大力发展订单农业、融合一二产业外，还积极向餐饮业靠拢，发展第三产业、开拓利润点。3家企业均既建有面粉厂，又拥有挂面、馒头等食品加工厂，部分企业还在积极发展面制品中央厨房和餐饮连锁店。为提高和稳定下游食品品质，满足消费者对美味、营养食物的需求，加工企业需要高质量的原料，因此积极流转土地或与专业合作社在优质小麦的种植和良种繁育方面开展合作，以中裕为例，目前流转土地6万亩，订单农业达200多万亩，除种植师栾02-1、郑麦366等强筋专用品种，还建立育种公司研究选育优质新品种。滨州已形成的"农业合作社+面粉企业+食品工厂/中央厨房+餐饮连锁/团餐"发展模式，延长了产业链，提升了价值链，形成了良好的产业链和生态循环，有效推动了优质专用小麦产业的发展和优化。

5 优质专用小麦产业发展模式展望和相关建议

5.1 展望

为优化小麦生产结构，提高优质专用小麦的市场竞争力，创新产业发展模式势在必行。传统的小麦产业发展模式重点关注种植规模、生产成本、产量及小麦的商品品质，即横向维度的产业化经营，忽略了食品加工、餐饮、流通等二三产业对小麦质量的要求，导致产业链衔接不紧密，优质小麦市场竞争力弱、产业附加值低。优质专用小麦因其食品专用的特性需要满足下游食品加工的需要，因此其产业发展又强调一二三产深度融合，即纵向维度的产业化经营。德州优质专用小麦的"农业合作社+面粉企业"发展模式，一是发挥了农业合作社产业化经营的优势，通过实现规模化、标准化、专业化的小麦生产，提高了优质专用小麦质量的一致性和稳定性，同时合作社作为专业组织，具备与需求方进行业务洽谈、技术交流、商业谈判的能力和地位，可根据市场和企业需要科学选择品种、优化生产布局；二是规模化面粉企业能够实现以质定价、单收单储、专麦专用，发挥优质专用小麦的质量特色，满足其生产专用面粉和稳定产品质量的需求。滨州的"农业合作社+面粉企业+食品工厂/中央厨房+餐饮连锁/团餐"发展模式，在德州模式基础上，向产业链下游拓展，引入了更多的优势资源和经营主体，在产业链下游获得更高的利润和市场空间，从而使得一产的发展更具可持续性。滨州优质专用小麦产业生产面积占比高达25%，高于德州8%的生产占比，这源于其发展模式充分发挥了加工企业在全产业链中的中间枢纽作用，这些企业集面粉和食品加工于一体，并向产业链前端的农业生产和后端的餐饮服务延伸,能将终端市场的需求传导至农业生产,实现市场利益共享,产业单元共赢。

5.2 相关建议

5.2.1 构建产业联合体,强化一二三产融合发展

鼓励面粉加工、主食加工企业到主产区开展供产销衔接;鼓励企业积极发展订单农业,通过定向投入、定向服务、定向收购等方式开展优质专用小麦产业化经营;支持有实力的龙头企业实行优质小麦种植、粮食仓储、面粉生产和食品加工、物流和市场营销服务一体化经营,充分发挥加工企业的产业引擎作用,构建产业联合体,促进一二三产业融合发展。优质小麦产业化联合体的建设,要坚定市场主导作用,充分发挥龙头企业带动作用,也要充分保障农户权利,参与各主体在充分协商的基础上共同制定章程,建立"利益共享、风险共担"的合作机制。

5.2.2 发展农业专业合作组织,实现规模化、标准化、专业化的生产和经营模式

加强发展农业专业合作组织,促进优质专用小麦的规模化生产,并实施标准化、专业化种植。注重研发与优质品种相配套的先进栽培管理技术,实现良种良法,发挥优质品种的品质优势和增产潜力。加强清理烘干设备和储粮设施的建设,实现优质专用品种的单收单储。提高农业合作组织的经营管理水平和专业化程度,建立信息交流平台和线上交易平台,并及时跟踪产业信息和市场需求,据此选择生产品种、优化生产布局、拓展销售渠道。

参考文献

[1] 廖小静,沈贵银. 农业供给侧结构性改革背景下小麦种植户品种选择行为分析[J]. 农业展望,2019,15(3):30-35.

[2] 戴化勇,钟钰. 高库存背景下的粮食安全与政策改革研究[J]. 农村经济,2016(5):42-45.

[3] 肖世和. 加快发展优质小麦[J]. 求是,2010(19):30-31.

[4] 屈宝香,刘丽军,周振亚,等. 我国小麦生产贸易发展变化及其对策建议[J]. 中国食物与营养,2007(9):18-21.

[5] 杨红玲. 浅论优质专用小麦的生产[J]. 河南农业,2010(11):47.

［6］ 赵俊晔，于振文. 中国优质专用小麦的生产现状与发展的思考[J]. 中国农学通报，2006，22（3）：171-174.

［7］ 许立彬，冯雪蓉，郭彦泰，等. 优质春小麦保优节本栽培技术[J]. 现代化农业，2011（3）：23-24.

［8］ 孙志平，李钧德，宋晓东. 产粮大省河南竟现"买粮难"：企业守着粮仓缺麦子 央媒溯因[EB/OL]. https：//www.thepaper.cn/newsDetail_forward_1542183，2016-10-12.

附录3　质量评价体系在小麦产业链融合发展中的作用

摘　要：为给促进小麦产业链的融合发展提供参考，本文从生产、加工、消费等方面综合分析了小麦产业发展现状和存在的问题，提出质量认可是小麦产业融合的基础，小麦产业链上下游对其质量的需求不一致性或利益不关联，是小麦产业链脱节、一二三产融合程度低的主要原因，建立一套完善和系统性强的质量评价体系是推动我国小麦产业结构性调整和促进全产业链融合发展的关键；同时，分析了小麦生产、收储、制粉、食品加工和消费等各环节对其质量的具体要求，并据此提出小麦质量综合评价体系的内容，以及综合农艺品质、数量品质、营养品质、商品品质、加工品质、食品品质等多单元评价的内容层次。

关键词：小麦；产业链；产业融合；质量评价体系

小麦是我国重要的粮食作物，我国是世界小麦生产大国、消费大国、贸易大国和加工大国，在世界小麦市场上占据重要地位。我国小麦播种面积基本稳定在3.6亿亩左右，占粮食播种总面积的24%左右。小麦总产量基本维持在1.3亿吨左右，占我国粮食总产量的21%左右，全国小麦生产主要形成黄淮海冬麦区、长江中下游冬麦区和北方春麦区三大优势产区，其中黄淮海冬麦区（河南、河北、山东、安徽北部、江苏北部、陕西关中）的小麦播种面积和产量均占全国的70%以上[1-2]。我国小麦总消费量在近二十年内基本稳定在1.1亿~1.2亿吨，主要有五种消费方式，即口粮消费、工业消费、饲料消费、种用消费和损耗消费。2019年国内小麦消费总量为12 828万吨，其中，口粮消费9 230万吨，占72%；工业消费1 350万吨，饲料消费1 150万吨，种用消费1 098万吨[3-4]。

1　小麦产业链发展现状和特点

我国小麦生产供给现状为国内总产量和进口量持续增加,小麦产量高、库存高、进口量高,而加工企业缺少优质原料[5-7]。2019年我国小麦产量为13 390万吨,比上年增加1.9%;库存充裕,可满足我国1年以上的消费需求;进口量为349万吨,比上年增加12.5%;这主要是因为我国高品质专用小麦供给不足,仍需要通过进口调剂品种余缺,满足日益增长的市场需求[8]。小麦生产表现出结构性过剩,品种品质结构与食品工业/餐饮业发展需求的矛盾加剧,主要表现在市场上加工品质和营养品质一般,但产量高的中筋小麦生产过剩,而硬质强筋的面包用小麦和软质弱筋的糕点用小麦供给不足[9-10];优质强筋或弱筋小麦粉的加工依赖于进口小麦或国产小麦与进口小麦搭配,或是利用食品添加剂改变面团流变学特性和食品质地。我国小麦产业表现出结构性矛盾,主要是因为小麦产业链中的育种、生产、加工、消费等各环节脱节,一二三产融合程度低。小麦育种和生产主要以高产稳产、抗病、抗逆的品种为主,脱离加工和消费的实际需求,2005年以后的育种强调产量,忽视了品质改良,品质育种呈下滑趋势[12]。小麦种植分散、规模较小、品种繁杂,且收储过程多为混收、混储,不能满足加工业对原料品质一致性和稳定性的要求[13]。随着经济社会发展和消费观念转变,消费者对食品的外观、口感及制作方便性提出了更高的要求,因此食品专用小麦粉的市场需求快速增加,发展优质专用小麦成为小麦产业发展的重要趋势。

小麦消费以口粮消费(即制粉消费)为主,是指小麦经过磨粉加工制作成各种通用面粉与专用面粉,直接被消费者购买,或间接进入食品加工业或餐饮业被制作成面制品后被消费者购买食用。面制品消费是小麦产业链终端,其种类繁多,根据其加工方式主要分为烘焙类(面包、蛋糕、饼干、烧饼等)、蒸煮类(馒头、面条、饺子、包子等)和油炸类(油条、麻花、沙琪玛等)。我国小麦食品加工产业主要涉及粮油加工业中的小麦制粉业和食品制造业中的焙烤食品制造、方便食品制造。目前中国的小麦产业链属于"小麦—面粉—食品"的自然需求型产业链结构,而不是以产品为价值源头的市场需求型产业链结构,小麦食品加工业因缺乏对上游种植生产及下游消费市场需求的充分了解和认知,致使产品不能完全满足消费者对优质、美味、营养、健康的需求[16-17]。

综合分析，小麦产业链长，终端产品种类多，消费路径复杂，主要包括育种、种植、收储、制粉、食品加工、销售、烹饪食用等环节，跨越农业、农产品加工业、食品工业、餐饮业、服务业等，产业链融合难度较大，价值链分工的利益分布和利润分配很不均衡。

2 一二三产对小麦质量的要求

我国小麦高产量、高库存、高进口与加工企业缺少优质原料的结构性矛盾，是我国小麦产业现阶段存在的主要问题，小麦产业亟待优化生产结构，推动供给侧结构性改革[18]。了解和满足产业链中下游即面制食品制造端和消费端的需求，实现产业链融合发展，是优化生产结构的重要途经和方式。产业链融合的前提是通过融合创造出比单一产业单元更高的价值或更多的溢出效益，融合的动力是产业单元的相互依存和相互支撑，融合的稳定性是合理的利益分配机制[19]。质量和效益是产业融合的关键影响因素，产业链上下游对小麦质量的需求不一致性或利益的不关联，正是小麦产业链脱节、一二三产融合程度低的主要原因。多数学者提出，构建"优质优价"市场体系是促进小麦产业高质量、可持续发展的重要工作路径[20-23]。而优价的前提是优质，因此可以认为产业链的不同环节和运营主体对小麦质量的认知一致和共同认可是产业融合发展的基础。

近年来，国家和地方各级政府通过政策引导和产业扶持，积极推动小麦产业的高质量发展和供给侧结构性改革。韩一军[24]分析认为，我国小麦供给侧结构性改革要以"一稳三提"为基本思路，即稳定总产、提高质量、提高效益和提高竞争力，其中提高品质是当务之急。而目前小麦产业链的各环节对小麦质量的认知是存在差异的，小麦产业链上游偏重于数量，如育种者和农户看重于产量、品种抗性、种子产业要求、发芽率等；中游偏重于特定质量性状，如收储、制粉企业看重于水分、杂质、不完善粒、色泽、容重、出粉率等；中下游偏重于小麦粉的加工适宜性和稳定性，如食品加工企业看重于小麦的面团流变学特性、黏度特性、发酵特性等；下游则偏重于终端产品的烹调特性和食用质量，如消费者看重于终端食品的表观、风味、口感和营养品质，餐饮业又会关注馒头老化、面条易煮耐泡等特性。因此，增强产业链从业者对各环节质量的综合认识，对产业链融合发展至关重要。

3 质量评价体系在小麦产业融合发展中的作用

小麦产业链中各环节使用的评价标准不一致且评价指标单一，使市场真正需求的小麦品种比较缺乏，如小麦品种的选育、审定和推广依据的标准与加工企业收购优质强筋、弱筋小麦执行的标准不一致，强筋麦主要以稳定时间作为判断，导致真正满足加工企业和终端消费者需求的优质小麦品种在粮食流通市场上缺乏。目前市场上具有优良加工品质和营养品质的食品专用小麦品种较为紧缺，其生产和供应不能满足加工各类专用面粉或专用食品的需要，从而使小麦市场出现普通小麦的供过于求与优质专用小麦的供不应求并存现象。

因此，非常有必要构建一套完善的小麦质量评价体系，能够从全产业链的角度系统全面地阐明小麦质量的内涵，帮助小麦产业各环节从业者都能了解产业链上下游的需求。应用完善的小麦质量评价方法和评价标准开展品种审定、品质鉴定和推广，可以更全面、准确地阐明每个小麦品种的质量特点、优势、不足及产业应用特点，有助于育种者确定合理全面的育种目标，帮助农业生产者种植更加符合加工企业及终端消费者需求的品种，帮助加工企业鉴别和收购优质、适宜的小麦品种，将有利于推动我国小麦产业结构调整，促进全产业链融合发展。

4 基于三产融合发展的小麦质量评价体系构建建议

建立的小麦质量评价体系应从产业链的整体需求考虑，而不能只着眼于某一个产业单元的需求，否则就会出现上游生产的小麦中下游不需要，中下游需要的食品专用型小麦或营养型小麦上游不生产的局面。完善的小麦质量评价体系，要体现一定的层次性、系统性和完整性，应综合农艺品质、数量品质、营养品质、商品品质、加工品质、食品品质等多单元评价内容，完善相应的指标项目和评价方法，根据品种满足的产业需求及程度制定其分类和等级标准。评价的技术内容和标准要综合考虑小麦品种的通用性与专用性，评价方法和指标要对标和参考国际相关标准，评价体系的构建要充分借鉴美国、加拿大、澳大利亚等世界主要小麦出口国的现有体系和发展思路。澳大利亚以市场需求为导向建立的小麦品质分类体系和新品种选育体系，注重小麦的加工和最终使用性能，其根据日本、韩国等目标出口国的消费需求，而专门形成了一个小麦类别——面条小麦（ANW），当地农民和贸易商也因此获得了较高的收益。

农艺品质主要包括有丰产性、稳产性、抗病性、抗逆性、稳定性等；数量品质即是产量；营养品质包括蛋白质、脂肪、维生素、矿物质及其他功能活性物质的含量等；商品品质主要包括水分、杂质、不完善粒、色泽、容重等；加工品质又可以分为一次加工品质和二次加工品质，其中一次加工品质又称为制粉品质，包括容重、籽粒硬度、出粉率、面粉白度和灰分含量、加工能耗等，二次加工品质即食品加工适用性，包括面粉品质、面团流变学特性、发酵特性、烘焙品质、蒸煮品质、食品制作过程操作适宜性等；终端食品品质主要包括面制食品的色泽、风味、口感等。目前我国相关标准中评价小麦加工品质，主要是采用湿面筋含量和面团稳定时间，指标较为单一，且粉质仪、拉伸仪等仪器主要是国外为评价面包专用小麦或小麦粉而开发，应用这些仪器和指标来分析判断小麦是否适合加工中式面制食品，其有效性和适宜性有待商榷[25]。关于何种仪器及检测指标可以反映出小麦加工中式面制食品的适用性，以及如何根据消费需求，科学规范地评价中式面制食品的质量，是完善小麦品质综合评价体系的重点和难点。

参考文献

［1］ 王一杰，辛岭，胡志全，等. 我国小麦生产、消费和贸易的现状分析[J]. 中国农业资源与区划，2018，39（5）：41.

［2］ 李明辉，周玉玺，周林，等. 中国小麦生产区域优势度演变及驱动因素分析[J]. 中国农业资源与区划，2015，36（5）：7.

［3］ 王秀丽，孙君茂. 中国小麦消费分析与未来展望[J]. 麦类作物学报，2016，35（5）：655.

［4］ 农业农村部市场预警专家委员会. 中国农业展望报告（2020—2029）[M]. 北京：中国农业科学技术出版社，2020：28.

［5］ 廖小静，沈贵银. 农业供给侧结构性改革背景下小麦种植户品种选择行为分析[J]. 农业展望，2019，15（3）：30.

［6］ 戴化勇，钟钰. 高库存背景下的粮食安全与政策改革研究[J]. 农村经济，2016（5）：42.

［7］ 路燕，周正富，王强，等. 推进小麦供给侧结构性改革的思考——以河南

优质专用型小麦产业为例[J]. 农业科技管理, 2017, 36（1）: 75.

［8］ 张春良, 赵佳. 国内麦市产业结构深刻调整品种品质品牌成赢取市场关键[J]. 粮食问题研究, 2018（6）: 14.

［9］ 肖世和. 加快发展优质小麦[J]. 求是, 2010（19）: 30.

［10］ 屈宝香, 刘丽军, 周振亚, 等. 我国小麦生产贸易发展变化及其对策建议[J]. 中国食物与营养, 2007（9）: 18.

［11］ 王辽卫, 李圣军, 伍振军. 小麦全产业链流通模式及定价机制[J]. 中国发展观察, 2017（22）: 36.

［12］ 何中虎, 庄巧生, 程顺和, 等. 中国小麦产业发展与科技进步[J]. 农学学报, 2018, 8（1）: 99.

［13］ 韩一军. 变革背景下中国小麦产业模式及政策探讨[J]. 农业展望, 2016, 12（1）: 32.

［14］ 赵广才, 常旭虹, 王德梅, 等. 小麦生产概况及其发展[J]. 作物杂志, 2018（4）: 1.

［15］ 赵俊晔, 于振文. 中国优质专用小麦的生产现状与发展的思考[J]. 中国农学通报, 2006, 22（3）: 171.

［16］ 杨虹, 徐冬林, 胡立君. 中粮集团打造小麦产业链研究[J]. 粮油仓储科技通讯, 2011, 27（1）: 5.

［17］ 高山. 中国小麦产业化现状与发展对策[J]. 农业开发与装备, 2020（3）: 25.

［18］ 魏益民. 实现小麦产品有效供给关键在于"结构"[N]. 农民日报, 2016-06-14（5）.

［19］ 魏益民. 农村一二三产业融合发展理论与模式探讨[J]. 粮油食品学报, 2019, 27（2）: 79.

［20］ 丁声俊. 农产品市场化改革成就斐然 健全优质优价机制与制度创新任重道远[J]. 河南工业大学学报（社会科学版）, 2019, 15（6）: 1.

［21］ 李媛, 王秀东, 闫琰, 等. 供给侧改革视角下黄淮海地区小麦品种发展研究[J]. 中国农业资源与区划, 2019, 40（11）: 224.

［22］ 张红艳. 开发优质小麦提高粮食生产经济效益[J]. 粮食科技与经济, 2020, 45（2）: 24.

［23］胡学旭，王步军. 我国小麦品质提升对策研究[J]. 农产品质量与安全，2017（4）：36.

［24］胡璇子. 品质，小麦产业发展的瓶颈[N]. 中国科学报，2018-06-20（007）.

［25］孙辉，吴存荣，李玥，等. 我国小麦标准体系现状及发展方向[J]. 粮食与饲料工业，2010（4）：13.